L'autre Molière

L'Iconoclaste,
26, rue Jacob, 75006 Paris
Tél. : 01 42 17 47 80
iconoclaste@editions-iconoclaste.fr
www.editions-iconoclaste.fr

EVE DE CASTRO

L'autre Molière

L'ICONOCLASTE

« Devine si tu peux,
et choisis si tu l'oses. »

Corneille

« Et quand vous verriez tout,
ne croyez jamais rien. »

Molière

Pour Louis, Alix et Albane
qui ont grandi avec cette histoire

Mon nom est Pierre

Ce soir, mardi, trois heures avant minuit

Une lueur mouvante me fait lever les yeux. Je suis assis à ma table, emmitouflé dans une pelisse, un bonnet sur la tête, un châle sur les genoux, une chaufferette sous les pieds. La lueur se précise et jaunit. Je pose ma plume et je clopine jusqu'à la fenêtre. Sur le pavé graissé par la bruine, des torches portées haut font des langues de feu dans la nuit. J'en compte huit, douze, vingt, des rues voisines il en arrive encore qui convergent vers ma maison. Je frissonne et la pensée que je bâillonnais me tire un gémissement : C'est moi qui l'ai tué.

On gratte à la porte. Marie entre sans attendre que je l'en prie et traverse la pièce, gracieuse malgré son embonpoint. Elle vient à moi et prend mon visage entre ses mains.

— Vous n'y êtes pour rien.

Je grogne :

— Qu'en sais-tu ?

— Assez pour vous dire de ne pas vous torturer avec des inepties qui ne serviront ni à lui, ni à vous.

— J'ai écrit les mots qui l'ont étouffé.

— Vous avez fait sa fortune et sa gloire.

— Je l'ai poussé à bout.

— Ses malheurs publics ou privés ne vous doivent rien.

— Ils me doivent tout.

Je tends ma main droite. Mes ongles sont trop longs et noircis d'encre.

— Avec cette main-là j'ai creusé sa tombe.

Je colle mon front aux carreaux sertis de plomb dont les verres épais déforment les contours. Dehors, les silhouettes s'agrègent en bataillon.

— Est-ce que pour moi ils se dérangeraient si nombreux ? En pleine nuit, en plein hiver ?

— Sûrement.

— Autrefois peut-être, mais aujourd'hui ?

— Aujourd'hui comme hier. Et demain pareillement.

Je regarde Marie. Elle est sincère. Je me demande par quel miracle cette femme m'a choisi et par quelle folie elle continue de m'aimer.

— Retourne te coucher. Je te rejoindrai bientôt.

Elle entend la fissure dans ma voix. Je mens, bien sûr. Elle se campe devant moi.

— Vous n'allez pas sortir, au moins ?

— À cette heure ? Et pourquoi ?

Elle me fixe sans ciller.

— Pour la veuve de notre compère Molière qu'on enterre cette nuit. Armande. Votre « désirée ».

Je me sens rougir comme si elle m'avait mis tout nu en pleine lumière.

— Si l'on avait besoin de moi, le Petit serait venu me chercher.

— N'y va pas. Tu es le grand Corneille, ta place n'est pas là-bas.

Je caresse sa joue. À quarante-huit ans elle a le visage plein, à peine ridé.

— Je termine ce que j'ai en cours, cela ne prendra qu'un moment.

Elle sent ma peur. Et dessous, la férocité de mon désir. Ce désir-là méprise les compagnes fidèles, c'est une puissance obscure, une goule, depuis toujours je prétends que j'ai besoin d'elle pour créer, qu'elle est ce qu'il y a de plus vivant en moi.

Marie ruse :

— Je suis trop triste pour dormir. Je vais veiller ici avec toi. Je trouverai à m'occuper.

Je la prends aux épaules.

— Je préfère rester seul.

Elle se laisse pousser dans le couloir sans résister, elle espère que je vais me raviser, depuis la nuit de nos noces où j'ai manqué mourir dans ses bras elle craint toujours de me perdre. Elle reste un moment adossée au battant refermé, puis elle rejoint sa chambre. La goule a gagné.

Je descends l'escalier à pas de chat. Je cache mes pantoufles sous la dernière marche et je chausse des galoches adaptées à la sanie des ruelles. La demie de neuf heures sonne au clocher voisin, si je ne me hâte pas, j'arriverai trop tard. Sans ôter ma pelisse je m'enveloppe dans une pèlerine dont je rabats la capuche sur mon bonnet. Dehors, l'humidité glaciale me transit et d'un coup les remords que je muselais fondent sur moi, une charge, un sabbat, les larmes me montent aux yeux, je trébuche, je tombe à genoux.

Une main rude m'attrape sous l'aisselle et me relève. Ombre parmi les ombres, je me fonds dans la foule qui chemine en silence. Personne ne me prête attention. Pour dompter le chagrin qui me laboure, je répète à voix muette : *Dans un si grand revers que me reste-t-il ? Moi, moi, et c'est assez.* Je respire mieux. Je me redresse et je plante mes ongles dans mes paumes pour y ramener, avec la douleur, la force. Mon nom est Pierre, et sur cette pierre un siècle s'est construit. Je suis l'alpha et l'oméga. Celui par qui tout a commencé et par qui tout doit finir. L'homme à qui j'ai juré silence est maintenant cadavre. Avouer le secret qui nous liait redevient possible. Je marche vers elle, ma Désirée, et je suis plus affamé que jamais.

Je suis la Désirée

Mardi, le 21 de février

Tout s'est passé si vite. Au sortir du théâtre nous sommes rentrés en chaise à porteurs rue de Richelieu. Le Petit frottait les mains de mon mari entre les siennes pour les réchauffer. J'étais agacée qu'il s'obstinât à tousser alors que la représentation était terminée. Depuis plusieurs jours il avait de vilains cernes, le souffle court, et dès qu'il quittait la répétition il se traînait comme un centenaire. Je le soupçonnais de se faire plus souffrant qu'il n'était pour m'attendrir. Il rêvait de m'engrosser à nouveau et je ne le supportais plus dans mon lit. Nous sommes montés ensemble. Sur le seuil de ma chambre je lui ai conseillé de se masser la poitrine avec du camphre et je lui ai proposé un oreiller rempli d'une drogue qui aide à dormir. Il a essayé de m'embrasser, je me suis dérobée. J'ai fermé ma porte, ôté mon corset, passé une robe de nuit, et je me suis mise au clavecin pour ne pas entendre les quintes de toux au travers du plancher. Il y avait du monde en haut, j'entendais piétiner, traîner des sièges. Le Petit criait dans l'escalier qu'on réchauffât un bol de bouillon. Il est descendu aux cuisines chercher du pain et un morceau de fromage parmesan. Il est remonté avec les deux religieuses à qui nous offrons gîte et couvert pour la préparation du Carême. Il a frappé chez moi. Je voulais qu'on me laissât en paix, je n'ai pas répondu. Je ne m'inquiétais pas. Baptiste avait déjà eu des fluxions, dont une qui l'avait terrassé pendant sept semaines, celle-ci semblait bénigne. Je me suis assise près du feu. J'étais si lasse que je me suis assoupie. Je n'ai pas entendu la servante et le valet partir pour Saint-Eustache, notre paroisse, puis en revenir bredouilles parce que les officiants avaient refusé de se déplacer. Je rêvais que je nageais dans la Seine avec Baptiste. L'orage arrivait, Maître Pierre nous faisait de grands signes depuis une barque au milieu du fleuve. Nous lui tendions les mains pour qu'il nous hissât à bord. Au lieu de nous aider il sortait deux pistolets, il les armait et il nous tirait dans la tête à bout portant. Des hurlements m'ont réveillée. Je me suis jetée dans l'escalier avec la sensation que l'air était devenu une eau lourde. Baptiste gisait renversé sur ses oreillers, il baignait dans le sang qu'il avait vomi. À moitié couché sur lui, le Petit le secouait en criant son nom. Il y avait du sang partout. Sur les tentures, dans le bassin à barbe et le vase de nuit, sur les cornettes des religieuses et la perruque du brave Couton, un familier désargenté, qui tenait la main de mon mari. Les traînées rouges, les sanglots du Petit, le teint violacé de Baptiste, tout était irréel. Je grelottais, je ne sentais plus mes jambes. Couton s'est approché, il m'a dit à l'oreille : « Votre beau-frère est allé en personne à Saint-Eustache, prions qu'il parvienne à nous ramener un prêtre. » Mon mari avait les yeux exorbités et comme éteints, je ne sais s'il respirait encore. Je voulais courir à lui, mais mon corps refusait d'obéir. Le Petit a levé la tête, il m'a fixée et j'ai lu dans son regard : « C'est toi qui l'as tué. »

Cette nuit aussi, il le pense.

Il a tort. Et il a raison.

Je suis Armande. La Désirée. L'épouse de Baptiste, que le public surnomme le Farceur. L'amour secret du grand Corneille, que nous appelons Maître Pierre ou le Vieux. D'autres m'ont voulue et me veulent toujours. Seuls ces deux-là importent.

Onze heures sonnent à la chapelle Saint-Joseph. Devant le trou que les fossoyeurs ont creusé au milieu du cimetière, près de la grande croix, le Petit pleure comme un enfant perdu. Il a vingt ans. Il a été mon amant et la passion de mon mari. Pendant ces jours d'angoisse où il a fallu arracher l'autorisation d'enterrer le baladin Molière en terre consacrée, personne ne m'a aidée mieux que lui. Mais il ne l'a pas fait pour moi. C'est Baptiste qu'il aimait, lui seul.

Nous sommes tous là, la troupe au complet, plus les parents, plus les amis. Nous entourons le cercueil recouvert du poêle de la corporation des tapissiers. Nous ne parlons pas, nous ne prions pas, nous pensons au rire de Baptiste. À son jeu inimitable. À son inventivité. À sa générosité. Moi, je pense surtout à sa peur du tombeau, une panique qui le jetait à mon chevet au milieu de la nuit, hoquetant, haletant :

— J'ai encore fait ce rêve affreux où je suis dans une boîte fermée par des clous, je vous entends, toi, le Petit, Maître Pierre, les autres, je vous vois, je vois aussi le passé et l'avenir, j'appelle, je cogne du poing et des pieds, vous ne bronchez pas, vous me croyez mort, pas mort pour rire mais vraiment mort, vous me descendez dans une fosse que vous remplissez de terre, vous vous en allez et moi je reste là, sous la terre, jusqu'à la fin des temps dont je comprends qu'elle n'arrivera jamais.

Je ne sais s'il croyait à l'Au-delà et au Jugement dernier. Ni même s'il avait foi en un Créateur maître de nos destinées. Aux questions graves il répondait toujours par une pirouette. J'insistais :

— Mais les impiétés que tu nous fais dire sur la scène, tu les penses vraiment ?

Il dévissait son visage, Jean-qui-rit, Jean-qui-pleure, et il écartait les bras pour figurer une girouette :

— Oui et non !

Jean-Baptiste Poquelin dit Molière, bourgeois de Paris, tapissier du roi et premier comédien du Palais-Royal est mort le vendredi 17 février de cette année 1673. Nous sommes le 21. Mardi. Jusqu'à ce matin je n'ai pas su si mon mari irait au cimetière des honnêtes paroissiens ou au charnier des parias. Il avait communié à Pâques de l'an dernier, mais il ne s'était pas confessé depuis. Deux religieuses attestaient qu'il avait réclamé un prêtre avant que d'expirer, mais l'aggravation subite de son mal l'avait empêché de signer la renonciation à notre profession exigée par l'archevêché. Il était mort sans avoir reçu les sacrements. L'Église qu'il avait si souvent narguée pouvait se venger en l'envoyant à la fosse commune. Je pensais que notre roi le soutiendrait dans la mort comme il l'avait souvent fait dans la vie. Il a remis son sort au jugement de l'archevêque de Paris. J'ai rédigé une requête étayée de témoignages. Nous avons attendu. Nous avions reçu défense de faire aucune annonce publique, mais le mot que dans la soirée de vendredi la Faucheuse avait emmené le Farceur s'est propagé. Sourdement d'abord, puis dans un crépitement qui de proche en proche a gagné.

Comme un feu de forêt.

Ils m'appelaient le Petit

C'est une histoire qui se murmure. Depuis trois siècles elle palpite sous la terre où patientent vos morts et soupire entre les lignes que vous admirez tant. Une histoire impertinente où le bien et le mal se donnent la main. On y avance masqué, on y ment par profession, par vice, par nécessité, on y aime en confondant le pire et le meilleur, on s'y trahit et on y ressuscite. Les voix qui brûlent de tout vous raconter n'ont jamais pu se confier. Ruminer des secrets leur gâche l'éternité, elles ont grande impatience de déchirer le voile pour vous donner à voir ce que les bien-pensants vous ont caché. Prenez un siège sur le bord de la scène. Ce sont les meilleures places, nous les réservons aux personnes d'importance. Faites silence et soyez attentif. Chacun d'entre nous va vous demander de n'écouter que lui, de ne croire que lui. Certains voudront vous éclairer, d'autres vous aveugler. Ce sera à vous de démêler le bon grain de l'ivraie.

« Il faut aller à la vérité de toute son âme », professait le Vieux, et le Farceur répliquait : « Il n'y a pas de vérité, il n'y a que des regards. » Cette histoire est la leur. Elle est aussi la vôtre, mais vous ne le savez pas.

Le rideau s'efface. La scène est noire.

Vous êtes prêt ?

Je suis l'Intouchable

Le Vieux veut coucher avec ma femme. Pierre Corneille, ce débris édenté, oui. Avec ma jolie femme de quarante ans sa cadette, oui. Il a l'air inoffensif sous son capuchon, un affligé qui suit une procession funèbre, mais, croyez-moi, il est capable du pire. Il n'est pas mon ami. Il n'est pas mon maître. Il est le diable. Il convoite Armande depuis le premier jour, je ne songeais pas encore à l'épouser qu'il rêvait déjà d'elle. Il a tout manigancé. Je croyais le tenir, voyez-vous, mais c'est lui qui me tenait. Il va trouver les mots, c'est sa botte secrète, personne n'y résiste. Il va lui dire ce qu'elle ne doit pas entendre. D'une façon ou d'une autre elle n'y survivra pas, et moi non plus.

Moi surtout.

Vous ne comprenez rien à mon discours ? C'est que je suis agité, très agité. Passer en moins de trois heures de la gloire au néant, et maintenant subir ce qui se prépare, il y a de quoi hurler de rage.

D'impuissance.

Mais je vais me calmer. Je vais vous expliquer. Moi aussi, quand je m'applique, je sais dire les choses.

On peut mourir doublement, et même davantage. On peut également tuer une personne à plusieurs reprises. C'est ce que le Vieux complote de m'infliger. Avec ses godillots rapiécés, son gros nez et ses ongles salis d'encre. Avec ses yeux de basilic.

Avec ses mots.

Quand il m'a reçu la première fois, j'avais vingt et un ans, une carrure de portefaix, un bagou de bateleur, et je pensais qu'il suffisait d'une cabriole bien ajustée pour décrocher la lune avec mes dents. Le Vieux, qu'alors nous appelions avec dévotion Maître Pierre, habitait Rouen, rue de la Pie, dans le quartier de l'Horloge, une maison tout en hauteur, étroite et raide comme une femme corsetée trop serré. Je suis entré surpris de trouver un si fameux poète si modestement logé, mais bouillant d'espoir et décidé à ne rien épargner pour lui plaire. Il a posé ses yeux sur moi et je n'ai plus su qui j'étais. Il n'avait rien d'impressionnant, pourtant. Grand mais pas large, les épaules tombantes, l'estomac proéminent, vêtu comme un notaire économe, pas une dentelle au col ni aux poignets, le cheveu rare sous une calotte grise, les joues plates, le nez laid. Mais les yeux. Des yeux à vous dépecer vif. À percer la dalle d'un tombeau. À fondre mon poids de plomb pour le changer en or. C'est ce que j'ai pensé, senti plus que pensé, d'ailleurs, car mon esprit avait quitté mon crâne aussi sûrement que si l'on m'avait trépané. Senti, donc, que ce bonhomme avait en lui une puissance surhumaine, et que, pour peu qu'il le décidât, il était capable de tout. La suite de nos aventures devait me donner raison. De tout, oui. Du pire, je viens de vous le dire. Mais aussi, je dois l'avouer, du meilleur. Madeleine m'accompagnait, c'est elle qui avait préparé l'entrevue. Madeleine Béjart était ma maîtresse et la femme qu'au monde j'admirais le plus. Elle m'a poussé du coude, la conscience m'est revenue, et avec elle la certitude que mon avenir se jouait sur ce coup de dés. Du mieux que j'ai pu, j'ai récité le compliment que mes amis et moi avions composé. J'y ai ajouté un florilège de mes vers préférés, tous tirés des œuvres du grand Corneille, bien sûr, que j'ai déclamés comme il fallait, en les faisant ronfler. J'ai terminé par un beau salut, si bas que mon menton touchait mon genou. Maître Pierre m'aurait commandé de me jeter à plat ventre et de baiser la boucle de son soulier que je l'aurais fait de bon gré. Il était mon dieu, je vous le jure, notre dieu à tous. Je me suis redressé, mon sang battait dans mes oreilles, mon cœur sonnait comme une horloge normande. Le prince des poètes ne me regardait pas. Il était tourné vers Madeleine et il souriait. J'ai remarqué ses dents gâtées. Ils se sont assis, je suis resté debout. Ils ont causé ensemble. Madeleine a détaillé nos projets, nos ambitions. Elle lui a demandé son soutien. Elle disait « nous », mais je voyais bien qu'il entendait « je ». C'est à elle qu'il a accordé, en seigneur magnanime, sa bénédiction pour notre entreprise commune. Il a agité une clochette et sa femme est entrée. Elle portait sur la hanche une toute petite qui avait déjà la physionomie de son père. J'ai toujours plu aux enfants et je les aime beaucoup. À celle-ci j'ai offert une pantomime que je tenais du farceur Scaramouche. Maître Pierre a daigné rire, puis il m'a dit : « Grand merci, Monsieur. » C'est tout. L'instant d'après il m'avait oublié, il baisait la main de Madeleine en galant pressé de mener cette rouquine splendide dans un endroit où sa moitié n'irait point. Marie Corneille, qui n'était ni vieille ni laide, arrangeait un ruban dans les cheveux de sa fille pour s'éviter de considérer ce qui se tramait sous son nez. J'avais cessé d'exister. L'épouse m'a reconduit en me promettant de venir applaudir notre troupe au Jeu de paume des Braques quand elle se produirait. Je l'ai trouvée d'une bienveillance peu ordinaire. Madeleine m'a rejoint un moment après. Un assez long moment. Elle avait les joues rouges, et sur toute sa personne un air de triomphe. Sans me laisser le temps de la questionner, elle m'a tiré sous un porche et elle m'a embrassé :

— Nous voilà en selle, mon fricot.

Elle m'appelait son fricot, oui. Cette douceur-là était à double sens, mais ma candeur refusait d'envisager que Madeleine pût voir en moi un payeur et que ses charmes ne me fussent pas réservés. Je croyais avoir séduit par mon seul mérite la plus extraordinaire femme de Paris, et je ne doutais pas de parvenir à m'imposer au plus célèbre poète de tous les temps. La prochaine fois que Maître Pierre me recevrait rue de la Pie, ce serait en vainqueur, en empereur.

On me requiert, je vous conterai la suite tantôt. Vous m'attendrez, n'est-ce pas ? Vous allez faire de moi votre trésor, votre gloire nationale. Votre intouchable. La moelle de vos os. Bien sûr j'en tirerai avantage, votre adoration me consolera de ce que je suis et ne suis pas. Mais ce soir, je n'ai pas seulement besoin d'amour. Ce soir, il faut m'accompagner dans la nuit, dans ma nuit.

Me suivrez-vous ?

M'écouterez-vous ?

Je suis la Désirée

Mardi, le 21 de février, au cimetière Saint-Joseph

Ce matin les gens qui avaient aimé, connu, ou simplement vu jouer Baptiste ont commencé de s'assembler en nombre devant chez nous. J'ai pris peur. L'archevêque aussi, sans doute, à qui le roi avait recommandé d'éviter l'éclat et le scandale. Il a envoyé au curé de Saint-Eustache permission d'accorder sépulture ecclésiastique au défunt à condition qu'elle se ferait sans aucune pompe, avec deux prêtres seulement et hors des heures du jour. À la nuit tombée la presse dans notre rue était plus grande qu'à la loterie de la foire Saint-Germain. Je suis la veuve, c'est moi que les cris réclamaient. Le Petit m'a conseillé de jeter une centaine de pistoles par les croisées et de demander à cette populace de prier pour le pauvre Molière qui lui avait donné tant de plaisir. Mes paroles ont ému, mon ton aussi.

Le cortège s'est mis en route sans encombre. Tout le théâtre de la capitale suivait, comédiens, danseurs, musiciens, auteurs, libraires, gazetiers, plus des inconnus en si grand nombre que d'un trottoir à l'autre c'était une rivière de flambeaux.

Le cimetière Saint-Joseph est trop petit pour contenir tant de monde. La foule qui continue de grossir s'entasse au tournant où la rue Montmartre rencontre la rue Saint-Joseph. Elle est respectueuse, recueillie. Ces gens ne verront rien de la cérémonie, je trouve généreux qu'ils soient là. L'oraison funèbre est courte, l'autorisation ecclésiastique stipule que ce mort n'a droit à aucun service solennel, ni à Saint-Eustache ni ailleurs. Le gel raidit les cordes, les fossoyeurs peinent et lâchent leur fardeau trop tôt. Le cercueil heurte le fond avec un craquement effrayant. Je pense au cauchemar de Baptiste. Je ne peux pas jeter de terre sur son corps. Je défais ma mantille et je la lance dans le trou. Le Petit ôte son manteau et m'imite. Ses boucles lui dessinent une auréole, il ressemble à un ange. Il essuie ses larmes, il regarde quelqu'un derrière moi. Je me retourne. J'aperçois Maître Pierre, le Vieux, qui joue des coudes pour se frayer un chemin jusqu'à nous.

Mon regard glisse sur lui comme si je ne l'avais pas reconnu. Je ne veux pas qu'il m'approche. Je ne veux pas qu'il me parle.

Cette nuit est pour Baptiste. Lui seul.

J'ai beaucoup à me faire pardonner.

Mon nom est Pierre

Ce même mardi, la nuit

Elle ne m'a pas fait signe. Je suis coincé entre deux matrones larges comme des tours, elle ne m'a pas remarqué. Je reprends mon souffle. Je pourrais baisser mon capuchon, en reconnaissant Pierre Corneille les gens s'écarteraient avec respect pour me laisser passer. Mais le bruit qu'a fait la bière en chutant a fissuré mon désir et coupé mon élan. La Parque est là, qui me guigne par la brèche. J'ai soixante-sept ans, c'est moi qu'elle aurait dû réclamer. Je suis trop loin pour distinguer les contours de la fosse, mais je me vois, moi, couché dedans. Je vois se pencher sur mon corps mon épouse voilée de noir, mon frère Thomas qui me remplacera sur les bancs de l'Académie, l'onctueux et chagrinant Racine, le serpent Lully, le Petit au teint de lait et elle, ma Désirée, jusqu'à cette nuit interdite. Je ferme les yeux et je me rencogne derrière les grosses femmes. Je ne pousserai pas jusqu'à la tombe. Je ne me demanderai pas si notre Farceur gît en habit de ville ou de théâtre, ni à quoi je ressemblerais à sa place. Pour maîtriser les frissons qui me secouent, je rappelle l'image de Baptiste emperruqué jusqu'au nombril, truffé de rubans verts et de dentelles, rouge de triomphe sous son fard blanc, qui m'attrape au collet et me plaque un baiser sur la bouche.

— Mon vieil ami, je vous bénis !

J'essuie machinalement mes lèvres et je murmure :

— Et toi repose en paix.

Souhaiter une éternité quiète à un macchabée dont on projette de ravir la veuve est peu chrétien, mais je n'en suis pas à une tartufferie près. Mes dents claquent de soulagement autant que de froid, je suis vivant, ma Désirée aussi, la paix soit avec nous. Les officiants ont terminé, les enfants de chœur les précèdent pour sortir du cimetière. La famille leur emboîte le pas sans saluer personne, c'est bientôt minuit et il gèle à fendre un arbre, ma Désirée marche le front baissé, je me demande pourquoi elle est tête nue et pourquoi le Petit ne porte pas de manteau, elle passe près des matrones, en tendant le bras je pourrais attraper sa manche, je ne bouge pas, elle s'éloigne et l'instant avec elle. Caresser des yeux son profil, puis sa nuque, m'a suffi. J'attends depuis quinze ans un moment dont j'étais persuadé qu'il n'arriverait jamais, je peux bien patienter encore un peu. *Le désir s'accroît quand l'effet se recule*, je souris du calembour que personne n'a osé relever au premier acte de mon *Polyeucte*. Sous son front couronné de rides et de lauriers, le grand Corneille est un galopin, un prédateur père de sept enfants qui s'en va forcer le destin dans les cimetières. *Dedans tout n'est que trouble et que sédition.* Si le monde savait…

Je me laisse porter par la masse qui reflue. Plus rien ne me presse, je suis le flot. Le suif des centaines de torches brûle gras, la nuit grésille et sent l'étable à moutons. Je ne peux me retenir d'observer la mine ensemble chagrine et revigorée de ceux qui m'entourent, ils regrettent que le Farceur ait quitté cette terre mais ils se félicitent d'y rester, les mâles s'ébrouent, grattent leur moustache raide de givre et se raclent la gorge, je crache donc je suis, leur compagne les réprimande à voix basse, les statures se redressent, les regards se rallument, ici et là un salut à une connaissance, mon moi fureteur note tout cela sur les feuillets que dans ma tête je tiens à la disposition du hasard, mon moi raisonneur en tire des réflexions que je classe à mesure, tandis que mon moi aventureux, celui qui me met toujours dans des situations impossibles, tend ses paumes à la rencontre des fessiers féminins que la cohue presse contre mes chausses. J'aime la foule. Le havre des timides, des laissés-pour-compte. Avant que d'être une célébrité et l'époux de Marie, le prince des poètes était roturier, provincial et laid. Il est des laideurs intéressantes ou attachantes, la mienne était ingrate. À vingt ans j'avais déjà le front dégarni et les dents noires, plus un nez disgracieux qui n'aspirait qu'à se fourrer partout. Dans les cabarets où mes camarades de la basoche supputaient si le cardinal de Richelieu ferait ou non à la reine Anne l'enfant que son rechigné d'époux ne se résolvait pas à donner à la France, ce nez frondeur humait les jupons odorants des serveuses. Sur les quais il s'empourprait à la vue des mamelles mercenaires qui taquinaient le chaland. Au Parlement où j'avais à dix-huit ans prêté serment d'avocat, il reniflait les combines faisandées et les jalousies vénéneuses, et à l'église il lorgnait le mouchoir, dévotement rebaptisé modestie, qui protégeait le sein des paroissiennes du péché par pensée, par action et par omission. Malgré les indiscrétions de mon nez, je confessais deux fois l'an pléthore de pensées, mais aucune action. Les frôlements fiévreux que je m'autorisais au milieu d'une foule comme celle de cette nuit n'étaient que des amorces d'actions, je jugeais d'autant moins opportun de les avouer que je n'attendais que l'occasion de recommencer. Elle venait vite. Rouen au premier quart de ce siècle était la troisième ville du royaume, une cité portuaire prospère peuplée de quatre-vingt mille âmes, mais le malheur était là, toujours, qui rôdait. Les processions, les célébrations rituelles, la foire et le carnaval rythmaient l'année, la population y exorcisait les séquelles des guerres de religion, les brumes chargées de miasmes, les tempêtes qui emportaient les masures, le gel qui immobilisait les bateaux au milieu de la Seine, les inondations qui changeaient les rues en coulées fangeuses, les épidémies de peste et, d'une génération à l'autre, la dureté des temps qui enrichissait les familles de commerçants sans tirer les tâcherons de leur misère. Tous les mâles rouennais défilaient derrière la châsse de saint Romain. Et leurs filles, femmes, sœurs, servantes avec eux. Le cœur et les mains ouverts aux bonheurs de rencontre, je risquais quelques attouchements, bouleversé quand les joues de mes proies rougissaient comme des pommes vernies de sucre. Mon apparence était si terne qu'elles ne me remarquaient jamais, elles ne me voyaient même pas. Moi, je les respirais, je les buvais, je les dévorais.

Surtout une.

Je l'avais connue du temps que je faisais mes classes au collège des Jésuites. Elle se nommait Catherine. Catherine Hue. Sa mère était de petite noblesse et de caractère intraitable. Son père était receveur des Aides et tout soumis à son épouse. Un matin de janvier la famille vint rue de la Pie signer un contrat de prêt. On laissa les enfants deviser ensemble. J'avais quatorze ans, un premier prix de versification latine, le nez qui bourgeonnait et un défaut de prononciation marqué. Catherine avait neuf ans et l'œil très vif. En bégayant je lui expliquai qu'un jour viendrait où je serais aussi célèbre que Plaute et Térence. Elle ne connaissait pas ces illustres, mais elle m'écouta sans se moquer. Je la trouvai idéale, et pendant les dix années suivantes, qu'elle occupa à devenir parfaitement belle, je rêvai d'elle. Ma famille était respectable. Elle plaçait en rentes et en terres un bien amassé grain à grain, elle tenait rang modeste mais honorable. N'eût été la question matrimoniale, je me fus peut-être contenté de ce rang. Mais voilà, la corruption du siècle ayant introduit de marier un sac d'argent avec un autre sac d'argent, il existait un tarif pour l'évaluation des hommes et pour l'assortiment des partis. En application de l'usage selon lequel le fiancé s'appréciait proportionnellement à la dot de la promise, et vice versa, un maître de comptes ou un conseiller au Parlement pouvait reluquer une donzelle dotée de soixante-quinze à cent cinquante mille livres. Un procureur, huissier, notaire ou greffier ne devait prétendre qu'à une fille pesant douze à vingt mille livres. Je possédais deux charges d'avocat à la Table de marbre achetées onze mille livres, revendables six ou sept, et il restait à mon père une maison à pignon rue de la Pie, le domaine de Petit-Couronne à dix lieues de Rouen qui servait de campagne pendant l'été, plus quelques terres rapportant des fermages. Le tout n'était pas rien. Mais assurément trop peu pour que la mère de Catherine considérât un jeune avocat sans nom ni espérances comme un parti sortable. Par nom elle entendait de noble lignage, et par espérances non pas celles qui dans mes rêves me haussaient au milieu de l'Olympe, mais les biens substantiels qui par héritage eussent dû me revenir. Je méprisais ces calculs mesquins. J'avais le cœur mordu. Je courais, je faisais la grue tout un jour au bout de la rue de Catherine, et quand je ne me démenais pas pour apercevoir ma bien-aimée, j'écrivais. Des messages codés. Des poèmes. Des pièces galantes. Une comédie entière qui mettait plaisamment en scène une tricherie amoureuse. Décidé à éclairer les parents de Catherine sur ma valeur, je portai cette pièce à la troupe du talentueux Montdory en visite à Rouen. L'acteur fut impressionné par ma jeunesse et ma virtuosité. Mon histoire de fausses lettres sortait de l'ordinaire. Elle était destinée à faire rire, mais sa façon tranchait sur les farces en usage. Le ton se voulait élégant, les amants contrariés n'étaient pas des bergers mais des jeunes gens de la bonne société, j'avais dessiné les caractères d'après nature, et sans sortir du vraisemblable mes rebondissements forçaient l'attention du spectateur. Pendant que je campais sous les fenêtres de ma belle, Montdory monta cette *Mélite* à Paris. Elle remporta un joli succès et installa la réputation du théâtre du Marais. Catherine lisait avec complaisance les feuillets que je lui glissais par l'intermédiaire d'une servante. Nonobstant ma détermination, sa mère plaçait la barre des enchères à trente mille livres, pas moins. Catherine se laissait désirer, mais elle savait qu'elle ne se donnerait pas. Moi, je la voyais déjà dans mon lit. C'était compter sans la cour que lui faisait Thomas du Pont. Ce rival offrait tout ce qui me manquait. La naissance, la fortune, une parentèle flatteuse et une tournure avantageuse. Il ne dissertait certes pas en latin et en grec, mais il savait débiter un compliment sans manger les syllabes, il s'habillait avec une recherche qui soulignait le peu de soin que je prenais de mon apparence, il avait une denture saine et des traits agréables. Catherine et sa mère l'agréèrent. Je crus en mourir de jalousie et de chagrin. À ma grande surprise, je survécus. Pour ne pas croiser la traîtresse dans les salons ou les foires, je me repliai dans mon cabinet, à force de travail je me domptai, et, pour ne pas la haïr, je me persuadai que Catherine m'avait rendu le plus grand des services : elle m'avait transformé en poète.

J'ai brûlé fort longtemps d'une amour assez grande, et que jusqu'au tombeau il me faut estimer, puisque ce fut par là que j'appris à rimer; mon bonheur commença quand mon âme fut prise, je gagnai de la gloire en perdant ma franchise, charmé de deux beaux yeux mon vers charma la Cour, et ce que j'ai de nom je le dois à l'amour... Je grimpe lentement mon escalier. Je n'ai pas allumé la chandelle. Il est deux heures du matin, je suis épuisé. La chambre conjugale sent Marie et j'entre dans ce parfum comme dans un nid tiède. Mon cœur s'est affolé pour nombre de femmes, mais Marie est ma maison. Je me dévêts, je me glisse sous le drap, je me colle contre la dormeuse qui soupire et ne proteste pas. Après trente ans de mariage, aimer se blottir contre sa moitié, quelle étrangeté, et plus curieux encore ne dédaigner pas, au creux de la nuit, du matelas, de l'insomnie, de lui trousser la chemise et le cul, Marie a le cul beau, du moins qui flatte la main, ses grossesses lui ont ruiné les tétins et elle ne veut plus que je la voie nue mais peu importe, j'ai des yeux au bout des doigts et dans le noir elle ne déteste pas que je la regarde dessus, dessous et même dedans, pendant que je la visite ainsi elle m'appelle mon fripon : « Voulez-vous bien cesser vos explorations, mon fripon », j'aime le fripon, j'aime le mon, j'aime qu'elle seule me connaisse tel que je suis dessus, dessous, dedans, et que, pour cela et malgré cela, elle me prenne et se laisse prendre par moi. Je l'ai bien choisie. Après le fer rouge que mes premières amours m'avaient appliqué sur le cœur, je me hérissais à l'idée qu'une jeune fille m'humiliât à nouveau. Dix années s'étaient écoulées sans que j'en recherchasse aucune. Et puis Marie. La lumière qui émanait de Marie. Cette façon qu'elle avait de regarder chaque jour comme un nouveau-né. De rire de ce qui aurait dû la fâcher, à commencer par moi. À ses côtés, rien ne pesait et tout prenait sens. Elle était moins régulièrement belle, sans doute, que la piquante Catherine, mais il y avait en elle ce je-ne-sais-quoi qu'on ne peut exprimer, qui surprend, nous emporte et nous force d'aimer. Marie de Lampérière avait vingt-trois ans et son père était allié aux meilleures maisons normandes. J'avais trente-quatre ans, je n'étais ni mieux mis ni moins bredouillant, et mon géniteur, qui venait de mourir, ne m'avait laissé que le bien sur lequel les parents Hue avaient tordu le nez. Selon le barème en usage, les choses semblaient mal engagées. Mais après cinq comédies jouées à Paris par la troupe de Montdory, un triomphe sans précédent m'avait hissé sur ces hauteurs où je n'avais jamais douté qu'une place me fût réservée. Louis XIII avait anobli ma famille. Richelieu m'avait pris dans son écurie théâtrale, il me pensionnait au titre de bel esprit. Lorsque Mathieu de Lampérière répondit avec hauteur que sa fille méritait mieux que l'auteur du *Cid*, le cardinal ministre en personne le convoqua et le somma de m'accepter pour gendre. Ce qu'en s'inclinant bas il fit. La tête renversée par l'amour, je jurai ma foi dans un état second. Quand le soir venu Marie laissa glisser sa chemise, je fus saisi de tremblements convulsifs, une tétanie paralysa mes membres, sans l'aide de ma jeune moitié les draps de mes noces m'eussent servi de linceul. Je ne pus la déflorer que le surlendemain, mais de ce triomphe je naquis une seconde fois. Dès lors j'aimai à coups redoublés, m'en flattant auprès de mes amis, transporté de me découvrir pareille puissance. Au lit avec Marie ou la plume à la main, j'étais roi, j'étais dieu. Ironie du sort, en sus de mon nez affligeant et de mes dents pourries, j'ai reçu en partage des nerfs extraordinairement sensibles, un appétit de satyre, un orgueil d'empereur romain et un génie polymorphe. Personne ne devine combien je souffre d'être prisonnier de l'enveloppe qui est la mienne. *Dedans mon désespoir tout me fuit ou me nuit, la terre n'entend point la douleur qui me presse*. Seule Marie me comprend. C'est pourquoi, nuit après nuit, malgré les sirènes et les goules, je me blottis contre elle.

Un génie polymorphe. Tout est venu de là. Polymorphe est le mot sorcier que j'ai noyé au fond de mon encrier par fidélité à l'homme que nous venons d'enterrer. Demain, pendant que Marie vaquera au domestique, je le sortirai de sa cachette. Je le nettoierai, je le lustrerai, et après m'être moi aussi nettoyé et lustré, j'irai lui offrir sa magie. À elle, ma Désirée.

En prenant Baptiste pour époux il y a quinze ans, elle n'a pas fait le choix d'un homme de chair, mais de plume. Sans le savoir, c'est donc à moi qu'elle s'est donnée.

Il est temps qu'elle l'apprenne.

Et me rende ce qui m'est dû.

Pour vous je serai l'Accoucheuse

J'ai moins que rien à perdre. La vérité va vous déplaire, mais la voici : c'est moi qui ai inventé votre Molière. Inventé est un mot à nous, vous diriez plutôt modelé. Façonné. Je laisse le milieu et la fin de l'histoire à Maître Pierre, mais je revendique son début. J'y ai droit. Je suis l'initiatrice. La chaleur qui a permis au prodige d'éclore. Le souffle qui a ouvert ses ailes.

Mais encore ?

Madeleine.

Ceux qui venaient m'applaudir disaient : la Béjart, et les libellistes : la Jébart ou la Iébart.

Pour vous, je serai l'Accoucheuse.

Je suis morte un an avant Baptiste, nuit pour nuit. D'un érythème géant qui m'a rongée vive, les cuisses, les flancs, les mamelles, le cou, la tête. Pour baigner mes plaies, Marie Corneille m'apportait chaque semaine du lait frais que son mari faisait venir à mon intention de Normandie. Vers la fin, de l'actrice que le public avait tant admirée ne restait que ma voix. On m'a enterrée plus chrétiennement que je n'avais vécu, drapée dans un linceul brodé comme un voile de noces. Baptiste a sangloté pendant deux jours et deux nuits. Mais par peur de la contagion pas une fois, pendant ma maladie, il n'avait franchi le seuil de ma chambre.

Je lui ai pardonné.

Cette faiblesse-là, et toutes les autres.

Le garçon n'était pas grand-chose, vraiment, quand je l'ai au propre et au figuré pris en main. À vingt-cinq ans j'avais les crocs plantés dans le gras de la vie. Les hommes laissaient ce qu'ils faisaient, ce qu'ils avaient, ce qu'ils étaient, et ils me suivaient. Pourquoi ? Bien sûr j'étais belle. Grande, le sein haut, les cuisses longues, les hanches rondes, blonde de poil, blanche de peau. Surtout j'étais habile à deviner les mâles. En les approchant je ne voyais pas seulement ce qu'ils étaient, mais ce qu'ils rêvaient d'être, et c'est à cet idéal que je souriais. Comment je le devinais ? Ces messieurs n'aiment rien tant que se raconter. Même les silencieux. Même Maître Pierre qui cachait si soigneusement son jeu. Quand ils ne jacassent pas, ils ont un geste, un regard, et voilà, leur double chimérique surgit, meilleur ou pire qu'ils ne sont. Je m'offrais en muse de cette chimère.

Les hommes sont une engeance rustique et attachante, avec une dizaine de tours dans le sac ils croient régner sur le monde. J'ai tôt compris que leur pouvoir n'était tel que si l'on acceptait de s'y plier. Et qu'il y avait des façons d'échapper au carcan.

Autant vous dire comment j'ai commencé.

Vous pensez : enfant de la balle, une génération de saltimbanques poussant l'autre. Pas du tout. Mon aïeul était notaire à Troyes, et mon grand-père maternel marchand mercier à Château-Thierry. Mon père avait acheté une charge de sergent huissier ès eaux et forêts, et ma mère prêté serment de maîtresse toilière lingère. Nous aurions pu vivre confortablement si mon géniteur, en plus d'une irréductible impécuniosité, n'avait été affligé d'un sens des affaires désastreux. Ma mère faisait feu de tout bois. En sus de son emploi elle concoctait des lotions pour rafraîchir ou défroisser la peau, qu'elle proposait aux dames riches du Marais. Mes parents avaient du goût l'un pour l'autre. Entre deux déménagements à la cloche de bois, ils ont conçu neuf enfants, dont quatre ont assez vécu pour entrer dans cette histoire. Tout ce que ma mère sauvait des frasques paternelles, elle le consacrait à notre éducation. Joseph, mon aîné de deux ans, se préparait à étudier la théologie à la Sorbonne, et on m'enseignait les belles lettres, la musique et la danse. Baptiste et Maître Pierre vous conteront que l'esprit vient aux filles avec l'amour. C'est accorder à ce dernier trop de mérite. L'urgence d'échapper au joug commun suffit. Ma mère avait besoin d'argent pour l'entretien de Joseph et l'avenir de Geneviève et Louis, nos cadets. Elle a passé accord avec Pierre Lenormant, secrétaire de la maison du roi, un veuf de ses amis. L'intéressé avait cinquante-cinq ans, moi quinze. En échange de ma main, il acceptait de nous loger gracieusement dans une maison qu'il possédait à Paris, au 4 rue de la Perle, dans le quartier du Marais. Le notaire a établi le contrat. Le soir précédant mes noces, j'ai rejoint mon promis dans sa chambre et je lui ai offert une avance sur son investissement. Je le trouvais affreusement vieux, mais il ne s'est montré ni hâtif ni brutal, j'aurais pu plus mal tomber. Ravi de ma docilité il s'est déclaré disposé à souscrire à toutes mes fantaisies. Je n'en avais qu'une seule, à laquelle je n'ai jamais renoncé : je voulais me gouverner par moi-même. Je lui ai cédé mon corps et j'ai gardé ma main. Nous nous sommes installés en nichée chez lui. Joseph avait dix-sept ans, Geneviève, neuf, Louis, trois. Nous formions avec ce veuf qui aurait pu être le père de mon père une étrange famille, mais nécessité fait loi, dit le proverbe. Je ne me plaignais pas. La majorité légale était à vingt-cinq ans ; à dix-sept, ma mère m'a émancipée. Mon veuf me mangeait dans la main. Je le recevais à jour et heure fixe, le reste du temps je m'appartenais. À l'âge où vos filles vous harassent de caprices, j'étais une femme accomplie. Je connaissais les auteurs classiques et les usages du monde, je tournais en vers une élégie, je chantais et je dansais comme une professionnelle, je pouvais animer une conversation à la verticale comme à l'horizontale, je gérais mon pécule, je soutenais ma famille. Sous les baleines des corsets et la raideur des poses seigneuriales, la morale de mon temps était admirablement flexible. J'ondoyais avec elle. Sans illusions sur la nature humaine, avec une gourmandise de vivre qu'aucune épreuve ne lassait.

Baptiste, votre Molière, a longtemps été habité par ce même appétit. C'est ce qui m'a plu en lui quand je l'ai rencontré.

Ne sautons pas les étapes.

Je savais de l'amour ce dont une femme a besoin pour museler l'adversité, mais je n'avais jamais aimé. Tête froide et reins chauds, je me prêtais sans me donner. Ma mère avait une sœur de la main gauche, mariée avec le sieur Courtin, marchand joaillier qui tenait boutique dans la rue Saint-Antoine. Cette sœur avait une fille de mon âge, Marie, qui n'ayant pas charge de famille ambitionnait de vivre d'amour et de poésie. C'est grâce à elle que la poésie et l'amour sont entrés dans ma vie. Avec le grand Corneille et le Normand Jean de Rotrou, le tragédien Tristan L'Hermite était l'auteur vedette de ces années-là. Son cadet Jean-Baptiste avait moins de talent, mais la jambe belle et un cœur de puceau. Marie s'est mise en frais. Il l'a remarquée, engrossée, épousée, et ces joyeux tourtereaux m'ont chargée dans leurs bagages quand ils sont partis passer l'été à Modène, dans le comtat Venaissin. Le comte Esprit Raimond de Modène servait comme chambellan des affaires de Monsieur, dont il avait été page et près de qui il avait grandi. Pour vous qui n'avez pas connu ces gens, Gaston d'Orléans, qu'on appelait Monsieur, était le frère unique et turbulent de Louis le Treizième, notre triste roi alors entièrement sous la coupe du cardinal de Richelieu, en qui la France, puissants et humbles confondus, voyait la source de tous ses maux. Modène ressemblait à un héros de roman. Une âme libre, forte, aventureuse, dans un corps libre, fort et aventureux. Nous nous sommes jetés l'un sur l'autre. J'avais trouvé un partenaire sur mesure pour jouir de ma jeunesse tout en préparant ma vieillesse. Je ne refusais pas les cadeaux. Mon amant me présentait à ses pairs, tous hommes de haute naissance et de fortune avantageuse, qui vivaient avec un panache dont votre temps n'a pas idée. Je cultivais mes relations, je garnissais ma cave de vins fins et je mettais de l'argent de côté. J'avais dès ma première nuit avec le sieur Lenormant pris les précautions nécessaires pour ne pas être mère. Les ruses d'alors étaient plus aléatoires que les vôtres, mais le boyau de porc et les éponges imbibées de vinaigre remplissaient à peu près leur office. De Modène, j'ai voulu un enfant. Pour l'attacher à moi ? Non. Je savais déjà que rien ne retient un homme qui s'est lassé. Une femme non plus, si elle a les moyens de son indépendance. La raison était plus animale. La femelle en moi aspirait à faire chair avec ce mâle. J'ai accouché dans une petite campagne au-delà de la Bastille où mon amant avait loué une maison discrète. Une fille. Françoise. Modène l'a reconnue, il a même voulu lui donner pour parrain son propre fils. Je n'avais pas la fibre pouponnière. À vingt ans, quand on ne pense qu'à rejoindre le bien-aimé qui s'en est allé guerroyer, qui l'a? J'ai choisi une nourrice. Son logis était propre, j'ai laissé une somme rondelette pour l'entretien du nourrisson et je suis retournée en confiance à mes amours et à mes amis. J'étais trop occupée pour visiter la petite. Je ne sais comment elle est tombée malade, ni à quel moment elle est morte, la femme pour continuer à percevoir le salaire de ses prétendus soins me l'a caché. Quand je l'ai compris, je me suis sentie étrangement amputée, et j'ai demandé à Modène de me faire un autre enfant. Mais les temps avaient changé, mon beau comte était englué jusqu'aux yeux dans la politique. Il m'a fallu deux années de séparations angoissées et de retrouvailles fiévreuses avant d'être grosse à nouveau.

Vous avez vu des portraits de Baptiste, vous savez à quoi il ressemblait. Mais pas comment il parvenait sans effort apparent à séduire les femmes comme les hommes, les marquis comme les boutiquiers, les villageois du Languedoc ou de la vallée du Rhône comme les Parisiens. Sans parler du roi de France, son frère, ses maîtresses.

Nous viendrons aux têtes couronnées plus tard, chaque gloire en son temps.

Chaque déconvenue aussi.

C'est la musique qui m'a guidée vers lui. Je jouais du clavecin et du luth, bien sûr, mais aussi de la viole, de la guitare et du théorbe. Un soir que je passais d'un instrument à l'autre pour surprendre une audience à l'oreille exigeante, un sieur Mazuel est venu me complimenter. Ce Michel Mazuel n'était pas seulement violon du roi, il avait écrit la musique de plusieurs ballets de la cour et Louis XIII lui avait trouvé assez de talent pour le nommer compositeur de la musique des vingt-quatre violons de sa chambre. Il m'a présenté son neveu Jean-Baptiste Poquelin, qu'on appelait simplement Baptiste, fils aîné d'un tapissier valet de chambre du roi et disposé à mourir à mes pieds si je ne lui accordais pas mon amitié. Le trépassé en puissance clignait des yeux comme si j'avais été le soleil au zénith, tout en filant entre ses cils le regard du renard devant une poularde. Il m'a proposé, avant de se tuer par le moyen qui me siérait le mieux, de lire les lignes de ma main. Il tenait ce savoir, assurait-il, d'une nourrice bohémienne qui lui donnait encore le sein. J'ai souri. Il s'est cambré à se déchausser les vertèbres et s'est mis à danser à la mode espagnole. J'ai demandé : « Bouffonnez-vous ainsi dans la chambre du roi ? » Il a répondu : « Bien sûr ! Et Sa Majesté me donne le répons ! » Louis XIII gardait le lit depuis plusieurs semaines, mais le garçon mentait avec tant de naturel qu'une seconde je me suis demandé s'il disait vrai. Il avait la taille bien prise, le cou épais, le teint plutôt sanguin que pâle, les yeux ronds, les sourcils marqués, la bouche charnue, les narines larges, le poil châtain et abondant, les cuisses fortes. Il avait grandi dans la boutique paternelle, mais il était bâti pour pousser le soc ou tailler la pierre. Cette robustesse lui donnait un air de santé qui attirait votre sympathie et son allant achevait de vous attacher à lui. Si votre coupe était vide, il vous persuadait qu'il suffisait de l'imaginer remplie d'eau ou de vin pour qu'elle le fût. Comment il faisait cela ? Il le mimait. Il imitait avec une vérité saisissante n'importe quel humain, animal, végétal ou caillou. Il déboîtait et recomposait son visage en même temps que son corps, et en un clignement d'œil devenait géant, fourmi, loup-garou, évêque, courtisane. Vous applaudissiez. Vous en redemandiez. Et comme il ne rechignait jamais à donner, vous couriez raconter à vos proches que vous aviez déniché la huitième merveille du monde.

Du potentiel, donc. Avec pour contrepoids une énergie qui se gaspillait à tout-va et peu de garanties. Son père avait une charge de tapissier qui lui assurait revenu et entrées à la cour, mais pas de fortune. Des relations flatteuses, mais pas de protecteur. Baptiste aimait la poésie, mais il avait moins lu qu'il ne le prétendait et rien écrit du tout. Il rêvait de monter sur une scène, mais il n'avait aucun sens du vers, il marquait d'un hoquet les césures et le quatrain le plus aérien dans sa bouche pesait comme une enclume. Il raffolait du plaisir, de tous les plaisirs, mais son goût hésitait à se fixer.

Ce que j'entends par se fixer ? Il n'est pas temps d'en parler. Si vous êtez impatients, demandez au Petit.

Modène s'éloignait de moi. Il n'a pas reconnu la fille conçue pendant ces années où nous rappelions la flamme de nos premiers émois sans parvenir à nous y réchauffer. Il m'a même fait l'offense de douter que l'enfant fût de lui. Si je le trompais ? Voilà un bien gros mot pour peu de chose. Quand nous étions longtemps sans nous voir, je me distrayais de mon côté et lui du sien. Mon veuf ? Il vieillissait, les tendresses que je lui consentais étaient celles d'une pupille reconnaissante. Je ne vous dirai là-dessus rien de plus. D'aucuns ont cru que Modène et moi nous étions secrètement mariés. Ils ont tort. Dans les premiers temps j'aurais volontiers échangé ma liberté contre le titre de comtesse, mais la moitié officielle tenait la place, et quand elle a déménagé au cimetière, j'étais devenue actrice. Mon galant a bamboché ici et là, puis il a épousé la fille de Marie Courtin, qui me l'avait présenté. Toutefois on ne se défait pas d'une passion comme d'un vêtement dont la mode a passé. Il y avait des nostalgies, des regrets. Il y avait surtout cette enfant que Modène avait boudée et qui, en grandissant, nous hameçonnait.

Armande.

Depuis son jeune âge, c'est ce qu'elle fait le mieux : hameçonner.

Bien sûr je vous parlerai d'elle. Elle est la clef de cette histoire. La sirène qui les entraînera tous au fond.

La Désirée.

Si Baptiste était dans ma vie au moment de sa naissance ? Ne tournez pas autour du pot. Vous voulez que je vous dise si nous forniquions et si j'usais avec lui des mêmes précautions qu'avec mon veuf. Comparer les dates, faire des recoupements. Je vois où vous allez me mener et je n'irai pas. Oui, Baptiste et moi nous connaissions. Et non, il ne m'a pas éblouie au point de me rendre imprudente. Sa verve et la détermination avec laquelle il me courtisait m'amusaient. Voilà un garçon, me suis-je dit, qui sait assortir ses moyens à ses fins, il mérite qu'on l'aide à donner corps à ses rêves. Ses ambitions théâtrales étaient aussi brouillonnes que lui, mais je pressentais quel parti on pouvait en tirer. Je l'ai fait languir assez pour m'assurer sur lui une emprise solide, et quand je l'ai tenu ferme, je l'ai dressé à ma mode.

Vous pensez que je me vante ? Vous voulez continuer à croire que Molière ne doit rien qu'à lui-même ? Vous ne supportez pas qu'on égratigne l'idole que vous avez parée de toutes les qualités ? De quoi avez-vous peur ? De l'incertain ? Du périssable ? Alors que vous marchez sur la lune, que vous avez des machines à engranger les souvenirs et des médecines qui vous garantissent contre ce qui nous décimait ? Autour de moi trois enfants sur cinq mouraient avant d'avoir perdu leurs dents de lait, deux femmes sur cinq en couches, et les hommes que la vérole, la rougeole, la scarlatine, les fièvres tierce, quarte et typhoïde épargnaient étaient fauchés par la guerre, la peste, le choléra ou la famine. Dès le berceau la mort nous reluquait, elle dormait sur notre oreiller, chaque piqûre de puce, chaque grossesse, chaque bain dans une étuve publique, chaque frottement de notre corps contre un autre corps était menace. Il fallait vivre vite. À vingt ans une femme traînait souvent dans ses jupes cinq petits, les rejetons de paysans travaillaient aux champs dès qu'ils savaient marcher, et passé quarante ans les proches qui avaient mieux que quelques chicots dans la bouche se comptaient sur les doigts d'une seule main. Ceux qui crevaient de faim et de froid protestaient au risque d'être pendus, et ceux qui roulaient en carrosse trouvaient glorieux qu'à seize ans leurs fils perdissent un œil ou la vie au service du roi. Dieu nous promettait récompense pour nos souffrances, mais outre-tombe, évidemment. Il me semblait urgent de ne pas attendre jusque-là. *Carpe diem,* je cueillais chaque jour, je refusais de prendre les vessies pour des lanternes et de plier le genou devant qui ne valait pas mieux que moi.

La mort ne m'a pas changée. Je regarde toujours les réalités droit dans les yeux, j'appelle un chat par son nom de chat, et je rends à Pierre ce qui n'est pas à Jean. À m'imiter vous perdrez sans doute en confort, mais vous vous amuserez davantage.

Pourquoi vous mentirais-je? Il est évident que je n'ai rien à perdre. Comprenez que je n'ai rien non plus à gagner. Je n'entends pas vous faire la leçon, j'essaie d'ouvrir vos yeux sur ce qui n'était mystère pour personne. À savoir que sans mon aide votre Molière serait devenu ce pour quoi il était né: un prospère tapissier du roi. Il aurait grossi, il aurait ménagé ses poumons et sa clientèle, et aujourd'hui son nom vous serait inconnu.

Restez assis.

Je ne trouve pas absurde que vous aduliez Baptiste, nous avons été des milliers, des millions de cœurs sincères à l'admirer et à l'aimer.

Mais quand j'en aurai fini avec vous, donc avec lui, c'est moi que vous applaudirez.

Et ensuite, pour faire mesure honnête, le Vieux.

Ils m'appelaient le Petit

Me revoilà. C'est moi qui vous ai installé sur le bord de la scène afin que vous ne manquiez rien du spectacle. Votre temps m'a oublié, pourtant ce que de cette histoire vous croyez connaître est venu jusqu'à vous grâce à moi.

Ils m'appelaient tous le Petit. Mon Petit, votre Petit, son Petit. Je suis l'amant, celui qui aime et qui se sait aimé. Je suis l'inavoué et le préféré. Le disciple. Le survivant.

J'avais cinquante ans de moins que le Vieux, trente ans de moins que le Farceur, dix ans de moins que la Désirée. L'un après l'autre je les ai enterrés. Je suis le témoin, le passeur de flambeau. Le détenteur des clefs qui peut, si vous le méritez, vous ouvrir grand les portes.

Le ferai-je ?

Homère dit que tout ce qui se dévoile est beau. Je partage cet avis. Mais la beauté n'est pas toujours aimable. Il arrive qu'elle déçoive, et qu'à la regarder on ait envie de pleurer.

Je pleure facilement. Un oiseau qui se fracasse contre une vitre me bouleverse, et mes enfants s'étonnent de ma sensiblerie. Oui, je me suis marié. Deux ans après l'enterrement de Baptiste. Pierre Corneille et Jean Racine ont signé au contrat, et personne n'a trouvé à redire au fait que ma promise n'ait que quatorze ans. À mon époque comme à la vôtre les hommes préfèrent les jeunesses, sur cette pente je n'ai fait que suivre mes maîtres.

Mes deux maîtres.

Celui qui m'aimait. Et celui qui désirait la femme de celui qui m'aimait.

Entrez mon nom dans vos moteurs de recherche : Michel Baron, ou Boyron. Célèbre comédien et dramaturge français. Fils d'André Baron, membre de la troupe du Marais puis de celle de l'Hôtel de Bourgogne. Né en 1653, mort à Paris à soixante et seize ans.

L'élève et le camarade de Molière.

Les médecins ont dit qu'il s'était rompu une veine dans l'estomac à force de tousser, et que l'afflux de sang dans sa gorge l'avait étouffé. Ils ont accusé sa fluxion, le grand froid de février, ses déboires conjugaux, les tracas que lui avait donnés la préparation du *Malade imaginaire*, le chagrin que le roi ne l'eût pas prié de présenter cette pièce à la cour. Ils ont juré que s'il eût suivi leur conseil qui était de se coucher avec les poules et de ne boire que du lait, il serait encore vivant. Sous le manteau ils se sont félicités d'être débarrassés de lui. Comme l'ensemble du clergé de France. Comme la foule rancunière des faux dévots et des vrais cocus, des pères de filles rebelles, des bourgeois qui se haussaient du col, des avaricieux cramponnés à leur cassette, des amoureux éconduits par une coquette, des crédules trompés par leur valet et des grands seigneurs méchants hommes.

Auxquels, peut-être, il faut ajouter Pierre Corneille.

Longtemps je me suis reproché de n'avoir pas fait davantage pour le sauver. Sur l'instant. Et surtout avant.

Je n'ai pas de honte à dire que je lui dois ce que je suis. Il m'a aimé de toutes les façons possibles, et de cet amour je suis né.

Je l'ai fui. Je l'ai trahi. Il m'a chaque fois pardonné.

Et c'est à moi que sa mort a le plus profité.

Là où il avait tant peiné, j'ai réussi sans beaucoup d'effort. Sur la scène, à la cour, dans mon particulier. Hors l'Académie qui n'accueillera jamais ceux de notre sorte, tout ce qu'il avait désiré et tout ce qui lui avait échappé, je l'ai obtenu. J'ai été plus applaudi, plus respecté, plus riche et plus célèbre qu'il ne l'avait été.

Pourtant c'est lui dont vous saluez le buste à la Comédie-Française, c'est lui que vous révérez.

Pour que naisse une légende, il faut davantage qu'un homme.

Comme vous allez le voir, c'était le cas.

Je suis l'Intouchable

Madeleine exagère. Elle a été l'étincelle, c'est vrai. Mais le bois et le souffle m'appartiennent. Quant au reste…

Le trépas a des effets inattendus. Depuis qu'on m'a porté en terre, en plus d'une infinité de vivants et de morts, je vous vois sous toutes vos coutures. Oui, vous. De votre côté du miroir me voyez-vous ? J'espère qu'au moins vous m'entendez. Et que vous me prenez au sérieux.

Le Vieux. Pierre Corneille. Lui, bien sûr, vous le prenez au sérieux. Vous vous le représentez sévère et constipé, son gros nez plongé dans ses papiers, n'ouvrant la bouche que pour édifier son prochain en alexandrins. Vous ne pouvez l'imaginer frétillant à l'idée de tâter sa moitié et, accessoirement pour lui mais principalement pour moi, la mienne.

Écoutez un peu.

Qui a écrit « *Nous incaguerons les beautés* », où vous devez comprendre : « Nous déféquerons sur les dames» ? Moi, le bouffon qu'on prétendait cocu avant qu'il prît épouse ? Non, lui, le digne marguillier de sa paroisse, l'académicien encensé par toute l'Europe.

Ouvrez l'admirable *Horace*. En détachant la première lettre des vers 444 et suivants, vous lisez : SALECUL. Oui, «sale cul». Poussez maintenant de quelques lignes : SALECULEPIL. «Sale cul épilé», voilà le clin d'œil. Au fondement du cardinal de Richelieu, rien de moins. Son Éminence souffrait d'hémorroïdes, on vous l'a peut-être dit. Son Éminence, dédicataire de l'ouvrage et mécène de l'auteur qui tout en le flattant le conchiait.

Que pensez-vous de cette impertinence ? Je suis un jaloux qui dégoise ? Il n'y a là que hasard ?

Vous êtes des naïfs. Je dis cela sans méchanceté, n'en prenez pas offense. La naïveté n'est pas forcément ridicule. Couplée avec l'ardeur, elle muselle le doute et fait un excellent combustible. J'ai pour ma part toujours trouvé plus de joie à regarder le ciel que mes pieds, et si le Vieux ne m'avait fait chuter comme un seau dans un puits, j'aurais peut-être gardé la candeur de mes jeunes années. Enfant, j'étais amoureux de la lune que je trouvais idéalement blanche et inaccessible. L'impossible me chatouillait l'enthousiasme, dans l'espoir d'attirer l'attention de ma déesse je m'exerçais à cabrioler comme les chiens que les bonimenteurs montrent à la foire Saint-Laurent. J'avais huit ans, j'étais bien chaussé et bien chauffé, je possédais un jeu de boules, deux frères cadets et une petite sœur que les végétations ni la coqueluche n'étaient parvenues à tuer, je dormais sur un matelas de laine, je mangeais à ma faim et on me donnait rarement les verges. J'étais heureux. Nous habitions un corps de logis au croisement de la rue Saint-Honoré et de la rue des Vieilles-Étuves, à un jet de pierre du Louvre et de la Seine, à deux enjambées des Halles et du Marais. Le poteau cormier qui marquait le coin de notre maison était sculpté de singes accrochés aux branches d'un oranger, six macaques qui se passaient des fruits alors que le septième, assis sur son cul, ramassait ceux qui étaient tombés. Pas un jour je n'ai manqué de les saluer en me touchant le front, puis la bouche, puis le cœur, comme on fait avec ses meilleurs amis. Mon père louait à la veuve d'un confrère le rez-de-chaussée comportant une salle où il tenait boutique et une cuisine où nous mangions, le premier étage avec une grande chambre à cheminée et une petite au-dessus de la cuisine, le troisième étage qui servait d'atelier, enfin une double cave à usage de cellier et d'entrepôt. Les latrines et l'écurie étaient installées dans les galeries qui bordaient la cour, nous les partagions avec la veuve d'un marchand d'Amiens qui louait le bâtiment du fond. Nous avions aussi un puits, et presque devant notre porte une fontaine publique qui donnait les eaux puisées à Arcueil, claires même au midi de l'été. La propriétaire se réservait l'usage de la belle chambre du premier en cas de triomphes, justices, pompes funèbres et autres magnificences qui passeraient devant chez nous. Notre rue était la mieux achalandée de la capitale, avec tout ce que Paris comptait de plus raffiné en orfèvres, bonnetiers, merciers, lingers, drapiers, tapissiers, et nos croisées ouvraient sur le fameux carrefour de la Croix-du-Trahoir. Imaginez une placette, plus petite que la place Maubert ou la place de Grève, ornée d'une croix ronde en pierre bordée de marches sur laquelle les fruitiers, légumiers et bouchers du quartier installaient leurs étals. Devant cette croix les gens du roi dressaient une ou deux fois le mois un échafaud sur lequel le bourreau assurait un gibet, une roue, un billot, un bûcher. On pendait beaucoup. Les voleurs et détrousseurs de tout poil, les escrocs, les violeurs, les blasphémateurs, les bambocheurs qui insultaient les sergents du guet. On rouait, écartelait et démembrait les assassins d'enfants et ceux qui avaient bravé l'Église ou l'État. Eu égard à leur qualité on décapitait les nobles, mais s'ils avaient volé leur prochain, on les pendait comme le menu fretin. On brûlait les hérétiques, les auteurs d'ouvrages dénoncés par la censure, et les sorciers des deux sexes avec une prédilection navrante pour les femmes rousses. Le roulement des tambours nous tirait du lit, mais Marie Cressé, ma mère, nous défendait d'assister aux exécutions. Je courais aider mon père dont la boutique ces jours-là ne désemplissait pas. Quand je portais du vin aux gentilshommes parfumés et aux dames masquées qui louaient à prix d'or nos fenêtres, je voyais le sang gicler et les corps se tordre. L'odeur des ventres qui se lâchaient montait jusqu'à nous, je me bouchais les oreilles pour ne pas entendre la foule qui criait d'horreur et de plaisir. Le sort s'est chargé de m'aguerrir. L'année de mes dix ans ma mère est morte, et pour distraire le chagrin de mes jeunes frères j'ai dû manger le mien. Ma mère avait l'âge qu'a ma colombe aujourd'hui. Trente ans à peu près. J'ai oublié son visage, mais pas ses caresses. Je suis resté toute ma vie orphelin de sa douceur. N'ébruitez pas cette confidence, s'il vous plaît, ou ma femme, qui de mon vivant me trouvait quantité de défauts, continuera de me reprocher ce qu'elle appelait ma faiblesse.

Vous vous demandez si, de là où je suis aujourd'hui, je peux voir ma mère ? Cette naïveté-là m'est douce, je vais donc vous répondre. Là où je suis n'a rien d'un belvédère. Et aujourd'hui n'y a pas plus de sens qu'hier ou demain. Mais oui, je la vois. Tout comme je vous vois. Je vois aussi mon père qui onze mois après son veuvage se fait tailler un riche costume et cirer la moustache pour convoler avec la nièce d'un maître sellier. Ma belle-mère a vingt ans et mon père, qui en a trente-huit, en est friand et plus jaloux qu'il ne devrait. Trois ans et trois poupons plus tard il l'enterre à son tour au cimetière des Innocents. Il confie l'enfant survivant, une fille, aux beaux-parents, et nous restons entre nous. Je n'en suis pas fâché. J'ai assez vu naître et mourir.

Mon père aussi, qui décide de consacrer dorénavant son énergie à ses affaires. Il a été reçu à la suite de son frère aîné comme tapissier ordinaire du roi, en plus de fournir tentures et passementeries à quantité de gens de robe et d'épée, il prend des commandes pour l'armée, matelas, paillasses, couvertures, chevets et draps. Ses caisses se remplissent. Avec la dot de feu ma belle-mère il achète une maison sous les piliers des Halles et la loue. Comme sa réputation est excellente, on lui confie des apprentis, le fils d'un passementier, celui d'un archer, un valet qui appartient au cardinal de Lyon, un jeune Anglais qui est à la comtesse de Derby. Ils sont de peu mes aînés, ils mangent à notre table, je grandis avec eux et mon père nous forme ensemble aux ficelles de sa profession. J'ai le tempérament plus porté à l'action qu'à l'étude. Ce manque d'inclination se force malaisément, retenir ce que d'autres apprennent en se jouant me prend un temps qui me semble gâché. Heureusement le métier qui m'attend ne demande pas de tutoyer Aristote. Pour y réussir il suffit de connaître sa marchandise et ses clients, de bien choisir ses fournisseurs et ses sous-traitants, de surveiller ses livres de comptes. Vous vous plaisez à relever les références philosophiques, théologiques ou juridiques dont sont truffées mes pièces et vous saluez chapeau bas les maîtres qui m'ont rendu savant. Je m'en amuserais si vous en restiez là. Mais il vous faut creuser, et vous bêchez, et vous piochez, et penchés sur l'ouvrage vous vous arrachez mutuellement les cheveux. Mon père a-t-il voulu pousser mon éducation ? Me rêvait-il avocat plutôt que tapissier ? Ai-je fait mes classes chez les Jésuites du collège de Clermont ? Suis-je passé par la faculté d'Orléans ? Par celle de Bourges ? Celle de Poitiers ? En quelle année ai-je obtenu ma licence en droit ? L'ai-je achetée comme l'a fait Charles Perrault dont vous aimez les contes ? Et le patois normand que parlent mes servantes, le dois-je à mes séjours rouennais ? Je vous laisse à ces débats. En vérité vos querelles m'ennuient. Quand je mange un potage et que je le trouve bon, je ne demande pas quels légumes la cuisinière a mis dans son chaudron, ni si pour relever son fricot elle a ajouté du gras double ou un pied de mouton. Qu'importe la façon dont j'ai appris ce que je sais ? Dans mon cabinet de la rue de Richelieu vous trouverez Sénèque et Virgile, Tite-Live et Juvénal, Ovide, Jules César, Hérodote et quelques autres. Tous m'ont fait bonne compagnie quand je les en ai priés. Que voulez-vous de plus ? Disons seulement que le latin que je lis sans trop de peine, l'italien que je traduis assez facilement, l'espagnol que tout le monde parle un peu, agrémentés des cabrioles de mon enfance, m'ont suffi pour l'usage que j'ai eu à en faire. L'Académie ne m'a jamais invité sur ses bancs, mais cet honneur-là m'a d'autant moins manqué que j'ai eu tous les autres. Du moins ceux qui comptaient. Faire rire Louis XIV, être applaudi, réclamé, protégé par lui, le voir dans son particulier, s'entretenir avec lui en aparté, voilà le vrai pouvoir.

J'entends le Vieux me traiter de baudruche. Un coup d'épingle, souffle-t-il avec son haleine de gargouille, et il ne restera de ma gloire que du vent.

Vous tenez à la moelle de vos os, n'est-ce pas ? Alors pressez-vous de lui ôter cette épingle-là des mains.

Bien. J'ai maintenant sous le nez un duvet de poussin que j'appelle avec fierté moustache. Ma santé est bonne, et quand je souris, qui croise mon regard sourit aussi. Je suis l'aîné, mon père voit en moi un successeur digne de sa confiance. Je comprends que pour s'élever, il faut être endurant, imaginatif, déterminé. Il faut avoir de l'ambition et le sens du détail. Tenir ses engagements et plier quand le vent change de sens. Il n'y a pas de bibliothèque au pavillon des Singes, mon père a égaré le Plutarque qui appartenait à ma mère et il ne sait de latin que celui dont on use à l'église. Mais je l'ai vu négocier, veiller tard, se lever avant l'aube, trouver des solutions à toutes sortes d'urgences, et je suis fier d'être son fils. Les tapissiers du roi sont quatre, ils ont rang d'écuyer qui leur permet d'échapper aux juridictions communes, ils se partagent les douze mois de l'année et le privilège de côtoyer le monarque. Cent vingt matins par an, pendant qu'on toilette Sa Majesté, mon père aidé de deux valets refait son lit. Quand la cour se déplace, il se rend à l'avance à l'étape pour préparer la chambre royale. Il est responsable du meuble. Si un visiteur découpe les franges d'or du baldaquin ou pisse sur les rideaux, c'est à lui d'y remédier. Il prend ses devoirs avec grand sérieux, et le jour où il décide de m'y associer, j'entre dans l'âge d'homme. J'ai quinze ans passés de trois mois et je prête serment de tapissier ordinaire de la maison du roi. Mon avenir est assuré.

Mais non. Quatre ans plus tard je rencontre Madeleine et je saute dans le vide.

Ma nouvelle déesse est aussi blanche que mes amours d'enfant, et beaucoup plus accessible. Elle vit chez un sieur Lenormant avec qui ma famille est en affaires. Le recouvrement d'une reconnaissance de dettes nous met en présence. L'occasion manque de grâce, mais l'intéressée y supplée avec un naturel et une carnation qui font tout pardonner. Qu'aurais-je, d'ailleurs, à lui pardonner ? Je me moque que Lenormant ait eu son pucelage et que d'autres lui aient succédé. Je sais que le comte de Modène l'a aimée, protégée, engrossée, mais qu'il chasse dorénavant sur d'autres terres. Je vois que Madeleine lui garde assez de tendresse pour me chauffer le sang, mais elle me dit d'emblée que ce sentiment-là ne servira qu'à me rendre malheureux et à la dégoûter de moi. Je renonce donc à la jalousie et m'accommode des soupirants qui bourdonnent dans sa chambre. Madeleine a perdu une fille en nourrice, dont elle parle seulement pour souligner que Modène l'avait légitimée. Le métier de mère ne semble pas l'attirer, elle a assez à faire avec sa famille. Quand j'entre dans sa vie et qu'elle révolutionne la mienne, sa mère a encore sur les bras deux enfants mineurs, plus une petiote non encore baptisée dont elle est accouchée après la mort de Joseph Béjart, son mari. Du moins telle est la version qu'à l'époque on me donne.

Je vais croire à cette version pendant dix-sept ans. Certains d'entre vous y croient encore. La naïveté, toujours…

Madeleine aime la vie autant que moi. Elle n'a peur de rien, moi non plus. Elle pense que la fin justifie les moyens, moi aussi. Elle me tend la main. Je lui donne le bras.

Je ne vendrai pas des velours frappés, des soies brodées, des glands en fil d'argent pour orner les alcôves de la noblesse parisienne. Je vendrai des rires et des larmes. Du temps suspendu. Une porte ouverte sur d'autres vies.

Je vais faire du théâtre.

Mon père ne me gifle pas. Il ne me menace pas de me déshériter. Il dit : Tu ne me surprends qu'à demi, voilà des mois que tu ânonnes des vers en pliant les pièces de drap, et puis cette fille dont le cousin Mazuel vante les dons musicaux, celle qui écrit des saynètes avec les frères L'Hermite, la grande rousse sur laquelle les clients se retournent, je ne suis pas aveugle, je m'attendais à quelque sottise, et là il force la voix: Mais pas si grosse, mon fils, pas si radicale. Je ne baisse pas les yeux. Je le supplie de me donner sa bénédiction. En homme pratique il me demande pourquoi, quand, comment. Je plaide ma cause comme si ma vie en dépendait, ce dont sur le moment je suis convaincu, et il m'aime assez pour respecter mon choix. De surcroît il a deux autres garçons, la relève est assurée. Avec son plein accord, neuf jours avant mes vingt et un ans, je signe devant notaire renonciation à la survivance de la charge de tapissier ordinaire du roi en faveur de mon frère cadet, qui n'en espérait pas tant, et je reçois six cent trente livres à valoir sur la succession de ma mère.

Je suis libre. L'avenir m'ouvre les bras. Je me jette dans ces bras.

C'est ainsi qu'il faut raisonner et agir. Peser le pour sans s'attarder au contre, repousser les doutes, aplanir les obstacles et aller de l'avant. Je sais que mon enthousiasme vous plaît. Mon audace aussi. C'est peut-être ce que vous préférez en moi. Quand vous racontez ce que vous pensez être mon histoire à vos enfants, vous dites: Il a osé; il a refusé la voie du confort, de la sécurité, pour tracer son propre chemin, et quel chemin !

Sur ce point au moins vous avez raison.

Madeleine vous a conté qu'elle m'avait dressé à sa mode, n'est-ce pas ? Pauvre chère, comment aurait-elle pu ? Mon père que je respectais autant que je l'aimais n'y est pas parvenu. C'est que je ne suis pas un bois qui se taille, pas du tout. Je suis un caméléon posé sur le bois. J'en prends la couleur, la texture, et si vous vous penchez, vous constaterez que je sens le bois. Mais oui. Je suis devenu bois. Déplacez-moi sur du marbre, je me changerai en marbre. Plongez-moi dans un étang, je me ferai grenouille. Vous hésitez à me croire ? Il m'est compliqué, dans les circonstances présentes, de vous en faire la démonstration, mais quand je vous aurai conté toute l'affaire vous comprendrez que c'est là ma vraie nature et la clef de mes succès.

Le Vieux, lui, ne s'y est pas trompé.

Nous parlions du chemin.

Paris. Hors la campagne de Saint-Cloud où mon grand-père Cressé possède une maison, je ne connais rien d'autre. Les couleurs et les humeurs du fleuve, les foires et les carrousels, les étals sur le

Pont-Neuf, les planches jetées en travers des rues pour se garder de la boue, les embarras de charrettes à bras, les cavaliers qui bousculent tout ce qui va à pied, les gamins racoleurs, les vendeurs d'oublies, les marchandes d'épingles, les loueuses de sangsues, les crieurs publics, la nuit coupe-gorge, la ronde du guet. Les étuves où je me fais racler la peau, raser le poil et nourrir en potins. Les tavernes où j'apprends ce que la Faculté n'enseignera jamais. Flanquées d'un chaperon ou d'une complice, les filles à marier ou à louer promènent leurs appas dans les jardins du Palais-Royal. On y trouve aussi des garçons, plus propres que dans les faubourgs et très complaisants. Les messieurs en quête d'une dot avantageuse ou d'une heure de plaisir font marché de chair fraîche sous les tilleuls, et dans l'ombre des arcades les contrats qui se passent de notaire sont prestement conclus. Un jour pousse l'autre, pour qui a le goût de l'aventure et une santé robuste tout est possible. Paris est un condensé d'industrie, de débauche, d'injustice, de crime, de misère et d'étourdissante beauté. Un manuel de survie à ciel ouvert. Pour cette étude-là je suis doué, très doué. Rien ne me lasse ni me rebute. D'une aube à l'autre j'ouvre grand mes yeux, mes oreilles, les pores de ma peau, et j'absorbe ce qui vient à moi. Le Vieux qui a la manie d'inventer des verbes dirait que je *caméléone*. Il aurait raison : je caméléone. Me voilà commère à l'affût devant sa porte. Demoiselle rêvant à l'amour pendant le sermon. Docteur impuissant à vous sauver malgré ou à cause de ses clystères et de ses lancettes. Curé qui vous promet une vie éternelle dont il ignore tout. Je suis moins familier des gens de cour. Souvent je livre des sièges ou je change des tentures chez les seigneurs qui honorent mon père de leur confiance, mais je ne suis qu'un commis, et si je croise un duc ou un marquis, il ne me remarque pas. Je pourrais cabrioler pour attirer son regard. À quoi bon, je ne saurais qu'en faire. Je me contente d'observer sa mine, ses dentelles, sa façon de poser les pieds et les mains, de porter le cou, de rire, de se taire, de lancer un ordre à son valet ou un biscuit à son chien, de rectifier l'aplomb de sa perruque, de se donner à admirer.

Quand je monterai sur la scène, ceux pour qui j'existe à peine se lèveront et m'applaudiront.

C'est là ce qui me pousse au grand saut ? Le désir d'être distingué, recherché, encensé ? Bien sûr. Une foule d'individus suspendus à mes lèvres, voilà ce que je vise. Je les vois. Je les sens. Je leur souris, je les serre sur mon cœur. Je suis amoureux par avance du public, celui du parterre, celui des galeries et des loges. Amoureux, oui. Je veux m'offrir à chacun de ces hommes, à chacune de ces femmes, sans rien regarder que l'instant, *hic et nunc* dirait le Vieux qui met du latin partout, sans rien chercher que l'émotion. L'émotion, oui. J'aime donner de l'amour, voyez-vous. Encore plus que d'en recevoir.

Vous vous en doutiez, et c'est pour cela aussi que vous me chérissez ?

Ne changez pas. Restez avec moi, même si par distraction je m'égare un peu.

Je suis la Désirée

Mardi, le 21 de février, au retour du cimetière

Je guette la porte, je m'attends à voir entrer Baptiste, je ne parviens pas à me figurer qu'il est resté là-bas, dans la fosse, au pied de la grande croix.

Il fait si froid que je me suis couchée tout habillée. Mes membres sont las, mais j'ai l'esprit clair et les sens en alerte. Je glisse la main sous mon corset.

Mon cœur bat.

Mon mari est mort et je vis.

Il ne me manque pas. Je ne ressens pas de chagrin. C'est autre chose. Du regret de n'avoir pas mieux vécu avec lui. Du remords de ne pas lui avoir donné ce qu'il espérait de moi. De l'agacement au souvenir de ses jérémiades, de ses incohérences, de ses frasques. De la tristesse quand je pense aux trois enfants que nous avons enterrés, et à ma fille

Esprit-Madeleine qui à sept ans aura à peine connu son père. De la colère, aussi. Surtout de la colère.

Plus tard me viendra de la reconnaissance. Du moins je l'espère. Je ne suis pas une mauvaise personne. Si j'ai peiné Baptiste, si je l'ai déçu, la faute en incombe au cours naturel de ces sortes d'unions. Les dés étaient pipés, nous le savions l'un et l'autre. Son tort a été de faire comme s'il l'ignorait. Et le mien de l'avoir poussé à jouer.

Tout s'est passé comme Maître Pierre me l'avait annoncé.

Sauf cette mort, que lui ni moi n'avions prévue.

La dernière fois qu'il est venu chez nous, m'a récité des vers dont il a refusé de me dire la provenance :

L'amour ne dort jamais, non plus que le soleil :
Il sait l'art de veiller dans les bras du sommeil,
Il sait dans la fatigue être sans lassitude,
Il sait dans la contrainte être sans servitude.

Sa plume est sans égale, je la reconnaîtrais entre vingt. Je lui ai demandé à qui le poète avait songé en écrivant ces mots. Il m'a répondu : « À Dieu », en détournant le regard. J'ai souri. Le bonhomme use du mensonge en fin stratège. Mais moi, il ne me dupe pas.

Je n'ai pas aimé Baptiste. Je n'ai pas aimé sa démarche, son gros rire, la sueur qui lui coulait du front au moindre effort, sa façon de gigoter, tousser, gémir dans son sommeil. Je n'ai pas aimé le goût qu'il avait de ma peau.

Mais je l'ai épousé. Parce que j'aimais tout le reste.

Sa troupe. Son théâtre. Son œuvre.

Ce reste dont je suis héritière et qu'il m'appartient maintenant de sauver.

Mon nom est Pierre

Ce mercredi matin

Quand j'entre dans la salle où je prends mes repas, Marie se détourne et son dos me dit : « Vous m'avez menti » avec tant d'animosité que je quitte la pièce. Elle a trouvé mes galoches souillées sous l'escalier, elle sait que je suis allé au cimetière, elle pense que j'ai parlé à ma Désirée. Je ne la détrompe pas. Elle connaît mes secrets les plus secrets, mais de ce que je prépare je ne veux rien lui confier. Elle essaierait de me dissuader et je crains les querelles de ménage. J'ai besoin de calme, j'en ai besoin comme d'air et d'eau. Je me replie dans mon cabinet, je tire mon loquet pour mettre de l'infranchissable entre le monde et moi, j'allume deux bougies, et je m'assieds devant les feuillets où mon malheureux héros, Suréna, général des Parthes, se débat. La colère de Marie s'éloigne, la paix revient. La pâleur de février ne suffit pas à éclairer mon refuge, mais l'ombre dans les coins me plaît, elle me tient compagnie, si je tends l'oreille je l'entends murmurer. Je ne me sens nulle part mieux qu'ici. Ici mon moi poète, celui de l'exigence et de l'ascèse, vit en bonne intelligence avec mes moi triviaux, le libidineux, l'ambitieux, qui me causent tant de souci et de désagrément. Ici je puis me multiplier à volonté et me distribuer entre des caractères dont personne d'autre que moi ne saura qu'ils sont moi. Bien sûr, je suis un menteur. Le Farceur et moi sommes les deux plus grands menteurs de ce siècle, depuis quinze ans nous trompons ensemble le public et le roi. Trompions ensemble, le frisson me reprend au souvenir du cercueil, si j'allais trépasser moi aussi sans avoir atteint mon but, j'attise le feu comme pour chauffer la galerie des Glaces, je m'enroule dans une couverture, Baptiste dont la santé n'était pas meilleure que la mienne raillait mon hypocondrie et quand je répliquais que le génie se ménage, il me proposait de m'empailler. Je nous vois lisant la première mouture du *Malade imaginaire*. Lui toussant et riant de la façon dont il allait farciser cette histoire amère. Moi, fâché de ce qu'il était devenu, fâché de ce qui nous séparait désormais, fâché de ce qui continuait à nous lier. Et mon moi serpent dans ma tête susurrait : Qu'il crève une fois pour toutes, nous n'avons plus besoin de lui, place nette, seul en piste, à la fosse, le Farceur !

C'est moi qui l'ai tué.

Pour maîtriser mon tremblement je pose mes paumes à plat sur mon buvard. La douceur du feutre me réconforte, je prolonge la sensation, les caresses sont mon talon d'Achille, si je m'abandonnais à ce faible, il me pousserait à l'abîme. Je ne crois pas à l'enfer des chaudrons et des diables, mais je connais trop celui que je porte en moi et qui sans doute préfigure mon sort outre-tombe. Je m'y suis enseveli avec Horace, avec Médée, avec Attila et tant de monstres sublimes dont les tourments me sont intimement familiers. Cinquante années à polir des vers, quarante à honorer ma légitime épouse, trente à pousser dans le monde nos enfants, vingt à siéger sur les bancs de l'Académie, qu'ai-je en commun avec un prince qui plonge une épée dans le sein de sa sœur, une sorcière qui assassine sa progéniture ou un tyran sanguinaire ?

La couronne d'épines.

Qu'une caresse, une seule caresse suffirait à désarmer.

Une caresse de sa main.

Demain, je me ferai conduire chez elle. Pour une fois je ne regarderai pas à la dépense, je commanderai une chaise à porteurs. Je prendrai soin de ne pas crotter mes bas, je veux être digne d'elle et, s'il se peut, digne tout court. J'irai au crépuscule, après les visites de condoléances mais avant le souper, l'heure des amis de la famille, ne suis-je pas le fidèle, le meilleur, l'indispensable ami de la famille ? Je l'ai connue si jeune, quand je pense à elle, quand je lui parle tout bas, je ne puis l'appeler Madame, ni même Armande, et encore moins la voussoyer. Elle est ma mignonne, j'ai pour elle les yeux du vieux tuteur pour sa pupille en fleur et je vendrais mon âme pour qu'elle m'aime.

Je l'ai vendue.

La tragédie à laquelle je travaille depuis quelques mois est amère, la nuit y descend sur les personnages comme elle descendait sur moi quand je pensais à elle. Mais si demain elle m'aime, elle y ramènera l'espoir. Si elle m'aime, j'en changerai la fin. Je ne sais de quelle façon je vais lui présenter les faits. Moi qui ai toujours deux ou trois canevas dans mes tiroirs, pour cet imprévu-là je me trouve démuni. Si d'emblée je lui dis que son mari n'avait de génie que le mien, elle se rebiffera et me jettera dehors. En préambule et pour l'apprivoiser, il serait bon que je lui parle de moi, juste de moi. J'ai toujours été là, Maître Pierre à qui elle confiait ses rêves et ses chagrins, Maître Pierre qui usait de son influence pour servir ses desseins, Maître Pierre qui en secret lui faisait réciter des vers dont elle ne soupçonnait pas que déjà, sans s'en rendre compte, il les écrivait pour elle. À ses yeux qui suis-je ? Une étoile au firmament des poètes ? Une gloire sur son déclin ? Un vieil homme cramponné à sa canne ? Un bon ouvrier dont le travail a souvent tiré son mari d'embarras ? Le parrain de notre cher Petit ? Un fâcheux qu'on reçoit par égard pour ses rides et ses états de service ? Un triste sire dont on rit sous le manteau parce qu'il s'habille mal et qu'il ne sent pas bon ? Le complice de Baptiste ? Son ennemi ? Son rival ?

Il se moquait souvent de moi. Il aimait me piquer comme on fait aux chiens pour les exciter à combattre. En naïf impénitent il ne comprenait pas que c'était lui le chien, que moi je suis un loup et que les loups dévorent les chiens. Parce que les agaceries des gens que j'estime peu me laissent froid, je ne lui rabattais que rarement son caquet. Il en profitait, il roulait ses gros yeux, triturait ses doigts et gémissait : « Mon bon ami, avez-vous jamais été jeune ? » Il avait cette habitude de poser des questions auxquelles sur l'instant je ne prenais pas la peine de répondre, mais qui de retour au logis me donnaient à penser. De fait ma jeunesse s'est écoulée sans que j'aie le sentiment d'être jeune ni le comportement que mes proches eussent attendu de moi. À dix ans je ferraillais contre la bêtise, la médiocrité et le temps qui tardait à me mûrir, avec pour ambition unique de devenir poète. À vingt ans je désirais une Catherine, mais plus encore qu'on applaudît mes pièces. À trente ans j'aimais une Marie, mais s'il m'avait fallu choisir entre la gloire et elle, je ne suis pas sûr qu'elle l'aurait emporté. Quand paré des lauriers du *Cid* et de *Cinna*, j'ai enfin tenu mon Graal, je n'ai plus pensé qu'à le garder. Jalousement, férocement. Cette passion-là ne connaît ni l'âge des artères ni les lois ordinaires. Elle est exclusive, exigeante. Elle isole, et en échange des jouissances qu'elle promet, elle prive des plaisirs qui font la joie des mortels. Je n'ai pas été jeune dans le monde, c'est vrai. Je l'ai été et le serai à jamais sur le théâtre. Cette jeunesse-là, qui s'est nourrie de celle que je me refusais, je l'ai campée plus drue, plus lumineuse, plus déchirée que je n'aurais su la vivre. Baptiste me répétait : « Déboutonnez-vous, Maître Pierre, profitez un peu ! », mais sa façon désordonnée et dispendieuse ne m'attirait en rien. Il fondait sa vie comme les trois mille chandelles que le roi brûle chaque soir à Versailles, il la dispersait comme fait le vent aux cendres d'un bûcher. J'économisais la mienne, je la concentrais en sorte d'en extraire les sucs les plus riches, les parfums les plus têtus. Je n'ai pas eu besoin de hanter les tavernes, de courir les bordels, de sillonner les provinces, de voyager outre-mer, d'étriper des ennemis, de me battre en duel, d'enlever des femmes, de pratiquer les péchés capitaux en plus des véniels. J'ai vécu et vis encore des aventures exaltantes sans quitter mon fauteuil. Tout ce qu'un homme peut connaître et ressentir, je l'ai connu, je l'ai ressenti sans bouger de cette pièce ou d'une autre qui lui ressemblait. Et comme nos paysans distillent grains et fruits pour en tirer l'eau-de-vie, je l'ai transmuté. En beauté chimiquement pure. Je suis un magicien. Avec le sel et la ferraille du temps, la misère et la grandeur de l'âme humaine, je fabrique de l'immortalité. Je trempe ma plume dans mon encrier et le monde renaît. Ce monde-là n'est pas idéal, il est admirable. Y manquent la douceur, la gaieté, l'insouciance, il ne donne pas envie d'y louer une maison pour y vieillir en paix, mais tel qu'il est, bâti à angles aigus, en équilibre au-dessus du vide, il me plaît. Il est mon royaume, et sans forfanterie je puis dire que *j'y suis le fer et la flamme, et la terre et la mer, et l'enfer des Cieux, et le sceptre des rois et la foudre des dieux.*

Ma Désirée me trouvera peut-être excessif. C'est que là d'où je viens l'excès était la norme, l'humain saisissait le destin aux cheveux et Dieu pâlissait devant l'insolence de sa création.

Là d'où je viens.

Je ne songe pas à Rouen, mais à un temps dont Louis XIV a sonné le glas. L'air de ce temps-là s'est coulé dans mes veines, il m'a nourri de ses grandioses folies. Deux générations pleines nous séparent, ma mignonne et moi. Comment, si je ne l'emmène en voyage à rebours, pourrait-elle comprendre ce que je suis, pourquoi j'ai choisi Baptiste et par quels chemins nous en sommes arrivés, lui dans un trou, moi à ses genoux?

Quand je me retourne sur mes jeunes années, le sang me gicle au visage. Un sang fougueux, ivre de soi, qui pour l'honneur ou l'amour est prêt à tout risquer. Je suis juché sur une borne et je regarde une charrette se frayer un chemin dans la cohue massée sur la grand-place de Nantes. J'ai pris le coche la veille au soir, nous avons roulé six heures sans dételer, à l'aube j'étais déjà posté. Je n'ai aucun goût pour les supplices publics, penser à une tête roulant dans le panier me donne la nausée, mais ce matin c'est une page d'histoire qui s'écrit et le poète que je suis ne veut pas en manquer un mot. Nous sommes en 1626, j'ai vingt ans. Le condamné debout dans le chariot en a vingt-sept. Il se nomme Henri de Talleyrand-Périgord, comte de Chalais. Compagnon d'enfance de Louis XIII et maître de sa garde-robe, il est d'aussi haute naissance que la mienne est médiocre, et aussi beau que je suis vilain. Aussi fier, farouche, traînant tous les cœurs après soi, que je suis timide et moqué par les femmes. Aussi bravache et tête brûlée, que je suis prudent.

Il va mourir. Ainsi le veut le cardinal de Richelieu afin qu'en France personne n'ignore que le pouvoir n'est plus aristocratique mais monarchique. La haute noblesse est pleine de morgue et volcanique. Dans ses provinces elle bat monnaie, elle lève des régiments, elle impose des taxes, elle rend la justice, et elle refuse de plier la nuque sous le joug d'un arriviste qui profite de la faiblesse de son maître pour imposer ses vues. Richelieu n'étant pas dissociable de celui qu'il sert, elle n'a trouvé d'autre issue que de les abattre tous les deux. Les plus illustres noms du royaume ont rejoint le complot et le joli comte de Chalais s'est porté volontaire pour poignarder Son Éminence pendant un dîner. Le cardinal l'a fait arrêter en même temps que ses brillants complices. Il n'est pas apparenté à la couronne, il va payer en lieu et place des autres. La foule venue au supplice est consternée. La chaleur de juillet poisse les corps, sueur et larmes se mélangent sur les joues. Les amis du condamné ont acheté le bourreau, autour de moi j'entends murmurer qu'il a quitté la ville, sans exécuteur pas d'exécution, une onde d'espoir redresse les nuques, peut-être ces mêmes amis ont-ils prévu d'attaquer l'escorte, peut-être vont-ils enlever le malheureux et le sauver ? La charrette arrive devant l'échafaud. L'exécuteur aide le condamné à gravir les marches de l'estrade. Des cris fusent, on connaît ce quidam, il fabrique des souliers, Richelieu ne va pas faire décapiter le maître de la garde-robe de Sa Majesté par un cordonnier ! Il semble que si. L'homme prend les épaules de Chalais pour l'agenouiller devant le billot. Je retiens un haut-le-cœur. L'improvisé bourreau lève une grande épée, l'abat, manque son coup, recommence, la lame glisse ou porte à faux, le tranchant entaille mais ne décapite pas. On tend au cordonnier une doloire dans l'espoir que la hache à manche court lui fera meilleur usage. Il frappe encore et encore. Le sang l'éclabousse, la foule le hue, les gardes resserrent leur cordon. Les épaules ouvertes jusqu'à l'os, le crâne scalpé, Chalais est toujours conscient, au vingtième coup il hurle encore « Jésus Marie Joseph ! ». Je vomis mon déjeuner. Au vingt-neuvième coup, le col se rompt enfin et la tête se détache.

Loin de dissuader les ennemis du cardinal, cette exécution ne fit qu'exacerber les haines. La terre s'engraissait du sang versé et poussait des rejets drus. Cinq ans plus tard le duc Henri II de

Montmorency, amiral de France, dont Louis XIII pouvait dire : *Au milieu de ma cour il me donne la loi*, fut décapité pour avoir soulevé le Languedoc contre Richelieu. En 1640 les humbles se hérissèrent à leur tour. Armés de faux, d'épieux et d'un désespoir qui les galvanisait, ils prirent d'assaut mon pays, la Normandie. Leur chef Jean Nu-Pieds se proclamait général de l'armée de Souffrance et brandissait un étendard à l'effigie de saint Jean Baptiste. Jusqu'au dernier les révoltés furent pendus, sauf un à qui vie fut laissée en échange de ce qu'il servirait de bourreau pour ses compagnons. Les deux mille soldats et les mille chevau-légers du chancelier Séguier déferlèrent sur Rouen. Ma ville dut verser un million de livres au Trésor et endurer les processions de repentants en chemise, les femmes à genoux sous le fouet, les corps roués et rompus sur nos places. Cet hiver-là j'achevai d'écrire *Cinna*, *toujours du sang et toujours des supplices, ma cruauté se lasse et ne peut s'arrêter, je veux me faire craindre et ne fais qu'irriter*. Après vingt-trois ans de mariage le roi avait fini par donner le futur Louis XIV au royaume, mais qu'il fût enfin père ne le sauvait pas de ceux qui le gouvernaient. À la rapacité d'un ministre qui prétendait servir l'État s'ajoutait celle d'un favori qui n'avait pas même cette pudeur. Celui-là était en vérité une invention diabolique. Une irrésistible créature de dix-neuf ans poussée dans l'amitié de Louis XIII par Richelieu, qui comptait s'assurer à travers lui un pouvoir absolu. Le roi s'amouracha si bien qu'Henri d'Effiat, marquis de Cinq-Mars, se crut intouchable, nargua son bienfaiteur en s'affichant avec des femmes et exigea un duché-pairie que le cardinal lui refusa. Ulcéré, il s'acoquina avec les Espagnols à qui depuis sept ans nous faisions la guerre. Quand une copie du traité secret fut interceptée, le roi et son ministre se trouvaient dans le Midi, tous deux gravement malades. Ils remontèrent le Rhône en litière jusqu'à Lyon où devait se tenir le procès des meneurs. Cinq-Mars échappa à la torture en promettant de confesser des secrets qu'il inventa à mesure, mais son sort était scellé. Il allait mourir à vingt-deux ans, au faîte de la puissance, pour avoir été trop aimé et pour avoir trop osé. Il fit front avec l'arrogance qu'on lui connaissait. Conduit à son exécution en carrosse armorié, il monta à l'échafaud vêtu comme pour une noce d'un habit couvert de dentelle d'or, bas de soie verte, manteau d'écarlate, salua la foule avec une joie majestueuse et s'agenouilla aussi tranquillement que si le bourreau eût été son chapelain. L'exécuteur ne montra pas plus de métier que celui qui avait massacré Chalais. Lorsque, après une boucherie telle que les femmes s'évanouirent, un dernier coup le décapita, le supplicié se leva droit et enlaça étroitement la potence. Inondé du sang qui jaillissait à bouillons, il continuait de défier ceux qui l'avaient condamné. Il fallut deux hommes en plus du bourreau pour l'arracher au poteau.

Voilà, dans sa terrible splendeur, le pays d'où je viens. Les héros de mes tragédies aussi. J'ai puisé dans l'Antiquité leurs hauts faits, je les ai vêtus de toges et chaussés de sandales, mais sous les lauriers et la pourpre ils brûlent de ce même orgueil, de cette même ardeur qui embrasaient les hommes de mon temps. *Rome n'est plus dans Rome, elle est toute où je suis*. Si ma Désirée n'en est pas émue, qu'elle en soit éblouie.

Je suis l'Intouchable

Mon saut dans le vide ne se fait pas en un jour. Mon père me demande d'éprouver mon désir de théâtre et de ne me lancer que lorsque je serai sûr d'atterrir sur mes deux pieds. Je connais Madeleine depuis plusieurs mois et je la veux. Elle me préfère aux barbons parce que je suis vigoureux, aux seigneurs parce que la lune est mon amie et à tous ceux qui veulent l'encager parce que je l'aime aussi libre que moi. Je la fais rire. Le farceur Scaramouche est mon maître en grimaces. Je vais chez lui soir et matin, et là, miroir en main et ce grand homme en face, il n'est contorsion ni posture qu'en écolier zélé je ne fasse et refasse. Vous souvenez-vous de ce tableau que vous avez accroché à Paris dans la maison qui porte mon nom, cette toile assez mal peinte qui titre : *Les Farceurs italiens et français depuis 60 ans et plus* ? J'y suis représenté dans mon costume du *Misanthrope*, avec autour de moi Arlequin, le capitan Matamore, Gros

Guillaume, le Dottor Grazian Balourd, Polichinelle et quelques autres. Ceux-là, qui ne prétendent à rien d'autre qu'à donner du plaisir, sont mes modèles et mes amis. Ils improvisent sur des canevas grossiers, leur baragouin écorche les oreilles, mais ils vous réjouissent comme personne. Les comédies d'Aristophane et celles de Plaute, les avez-vous lues ? Non ? Vous devriez, elles sont aussi plaisantes qu'utiles. L'homme a besoin de rire. Nous crevons, et avant d'y passer nous courbons l'échine sous le joug. Rire nous fait oublier le museau de la Faucheuse et les pierres du chemin qui mène jusqu'au trou. Cela dit des pauvres gens, mais aussi des nantis que la crainte de perdre leur bien, leur réputation, leur emploi ou leur femme tenaille jour et nuit. Croyez-moi, j'en sais long là-dessus.

Devinez pourquoi l'Église de France condamne la comédie ? Parce qu'elle lui vole ses clients. Hormis les dévots, qui ne préfère s'esclaffer à battre sa coulpe ? Qui n'échangerait un souper en compagnie de son vicaire contre une soirée avec les compères enfarinés dont les facéties enchantent petits et grands ? Pendant deux cents ans les Confrères de la Passion ont eu le privilège de représenter les mystères tirés de la vie des saints. Leurs spectacles faisaient salle comble, mais, n'en déplaise à nos évêques, les spectateurs ne se pressaient pas deux heures à l'avance pour admirer la force d'âme des premiers chrétiens. Ils voulaient mettre leur carcasse au sec, jouer aux dés, boire un coup et se tenir les côtes en oubliant la chienne de vie qui attendait à la porte. Pour les contenter il fallait que sur scène le baptisé pétât au nez du curé, que le nouveau marié baissât ses chausses pour exhiber ses bourses, et que sa dulcinée le cocufiât avec le martyr descendu de sa roue. Les costumes farfelus, le latin de fantaisie et les coups de pied au cul ajoutaient à la joie. Dans sa jeunesse, avant de devenir le sire à la longue figure que vous voyez sur les médailles, Louis XIII aimait rire autant que moi. Et puis sous la férule du cardinal de Richelieu il s'est corseté, il a voulu de la dignité, de la hauteur dans les pensées et les actions, et la farce a cédé le pas à la tragédie. L'année 1643 où j'embrasse dans un même élan Madeleine et ma vocation, Maître Pierre et Rotrou dominent la scène, avec sur leurs talons Mairet, Théophile de Viau et notre ami Tristan L'Hermite. Le public? Celui d'en bas préfère toujours les bouffonneries, mais le goût de la cour impose le ton. Pour être reconnu et considéré, il faut maintenant donner dans la grandeur.

Ainsi ferons-nous.

Madeleine sera parfaite dans le genre noble. Elle sait les manières des gens de qualité, elle marie habilement la séduction avec le bel air. Moi ? Je me sens la fibre burlesque plutôt que grave, mais pour lui plaire je caméléonerai. Je serai un prince romain, je serai un seigneur arménien, je serai qui il faudra. Peu m'importe le vin, jouer à ses côtés suffira à mon ivresse.

Le 30 juin, un mardi, nous passons contrat qui nous unit et nous lie ensemble pour l'exercice de la comédie à fin de conservation de notre troupe sous le titre de l'Illustre Théâtre.

Nous ? Joseph Béjart, vingt-sept ans, frère de Madeleine, Geneviève, dix-neuf ans, sa sœur, et Marie Hervé, quarante-huit ans, leur mère, qui cautionne Geneviève. Ceux-là sont dorénavant ma famille, j'habite avec eux rue de la Perle. Nicolas Bonnenfant, sieur de Croissac, ci-devant clerc de procureur au Châtelet. Denis Beys, quarante ans, libraire rue du Faubourg-Saint-Jacques. Georges

Pinel, surnommé La Couture, professeur de philosophie et de langues. Madeleine Malingre, qui n'est plus assez jeune pour avouer son âge et choisit de se faire appeler au théâtre Mademoiselle de Saint-Marcel. Catherine des Urlis, fille d'un commis au greffe du conseil privé du roi et encore mineure, qui a joué deux saisons à l'Hôtel de Bourgogne. Enfin Germain Clérin, qui de tous est le plus expérimenté. Les décisions seront prises collégialement, seule Madeleine aura le droit de choisir son rôle. Qui voudra quitter la troupe devra le faire avec quatre mois de préavis, et il lui en coûtera trois mille livres d'amende. Pendant l'été nous travaillons ce qui sera notre répertoire, et en septembre nous louons pour trois ans le jeu de paume des Mestayers, à Saint-Germain-des-Prés, sur la rive gauche de la Seine.

Pourquoi un jeu de paume ? Parce que pour attirer les gens en hiver il faut bien leur mettre un toit sur la tête. Jouez-vous à la paume ? Essayez donc, c'est un divertissement d'intérieur moins coûteux qu'une maîtresse ou un amant. Chez nous il est furieusement à la mode, Paris compte plusieurs centaines de salles dont les propriétaires amortissent les coûts en les louant aux troupes de passage. Elles sont de belle taille, entre trente et trente-cinq mètres de longueur sur dix à quinze de large, des fenêtres en hauteur, des galeries de chaque côté, et un sol pavé de carreaux de calcaire aisés à lessiver. Avec de bons ouvriers et deux à trois mille livres, on les transforme en quinze jours. Nous lançons les travaux sans regarder à la dépense, et pendant que les charpentiers s'affairent nous partons pour la foire de Rouen qui réunit d'octobre au début de décembre les meilleures troupes itinérantes du royaume. Nous avons réservé le jeu de paume des Braques, à deux pas du logis du grand Corneille. Après notre première visite rue de la Pie, nous renonçons à nous lancer avec son *Horace*. Toutes les pièces de Maître Pierre ont été imprimées, nous n'avons pas besoin de son autorisation pour les jouer. Mais il assassine les acteurs qui ne portent pas assez brillamment ses vers, mieux vaut ne pas nous offrir en victimes. Nous espérons néanmoins qu'il nous honorera de sa présence et que son parrainage attirera toute la ville. Chaque jour nous l'attendons. C'est la douce Marie, son épouse, qui vient. Sans lui. Deux fois. La seconde elle amène Thomas Corneille, son beau-frère, qui doit avoir mon âge. Il est aussi dissemblable de Maître Pierre qu'un lévrier d'un tapir. Bien découplé, des boucles brunes pommadées, le nez aquilin et un sourire à servir de réclame pour une poudre à blanchir les dents. Avec cela un abord aisé et pas plus de vanité que de venin. Ce cadet tout aimable vénère celui qu'il appelle Mon Illustre Frère avec une majuscule sur la langue à chaque mot. Il vante ses vertus en mareyeur pressé d'écouler ses huîtres. À l'en croire, l'Illustre est intègre, loyal, juste, acharné à l'ouvrage, épris de perfection, généreux avec ceux qu'il aime, mari tendre, père attentif, frère idéal. J'écoute ce chapelet de compliments en me demandant si le personnage en question est le même que celui dont le vilain nez aspirait sans équivoque à se nicher entre les seins de Madeleine. Thomas n'imagine pas meilleur avenir que de marcher dans les pas de Pierre. Il sera avocat, comme lui. Et écrivain, comme lui. Je dresse l'oreille. Ainsi vous écrivez? Le garçon s'empourpre. Il est plaisant. Le teint frais, une bouche de fille. Pour un peu je le trouverais à mon goût. Mais j'ai mieux à faire que de séduire le petit frère du plus grand poète vivant. Un texte, par hasard et bonheur, auriez-vous déjà un texte en état d'être représenté? Nous le porterions sur le théâtre, nous jouerions en alternance les deux Corneille, ce serait grandiose, du jamais-vu, *La Gazette* en ferait ses délices, les élégants ne parleraient que d'y courir, d'en revenir, d'y retourner, la cour et la ville se presseraient au guichet, on refuserait du monde, quelle frénésie, quelle émotion ! Thomas grimace, non, il n'est pas prêt, et le jour où il le sera, c'est son aîné qui décidera de quand, où, avec qui. En attendant il me conseille de lire *L'Illusion comique*, que le Maître a écrite d'un seul trait et qui résume la virtuosité de son art. Une ébouriffante histoire de magicien, de caverne, de fils prodigue et de mystification. Il ajoute :

— Il y a là un rôle de vantard colossal qui vous irait comme un gant.

J'arrondis les yeux, je ne sais si je dois me vexer. Thomas sourit :

— Les tragédies de Mon Illustre Frère sont admirables, mais ce qu'il préfère, c'est la comédie. Vous aussi, n'est-ce pas ?

Il a raison, le bougre, et *L'Illusion comique* m'ébouriffe en effet comme un chat sous l'orage. Je répète les tirades du tonitruant Matamore jusque dans mon sommeil. En cachette de Madeleine, je fais porter une lettre à Maître Pierre pour lui dire mon admiration éperdue et le supplier de venir au jeu de paume des Braques. Je donnerais dix ans de ma vie pour lui parler seul à seul dix minutes.

Il ne daigne pas montrer le bout de son gros nez.

Je suis d'autant plus triste que nos recettes couvrent à peine nos frais de bouche et de logement. Peut-être n'avons-nous pas assez préparé les esprits. Par mon père je sais qu'on vend une nouveauté d'autant mieux qu'on a battu tambour. Je propose à Madeleine de me coller un placard sur le dos et de mettre une poignée d'alexandrins à la guitare pour les chanter sur le port. Je puis aussi danser, se souvient-elle comme je fais bien la bohémienne ? Elle refuse. Nous sommes des acteurs sérieux, nous n'allons pas nous abaisser à racoler le chaland avec des pitreries. Je ne vois pas de honte à bouffonner un peu, si ce peu rapporte beaucoup. Je lui expose ce que mon apprentissage de tapissier m'a enseigné : la clientèle est reine, mais elle ne sait pas toujours ce qu'elle aime et encore moins ce qui lui convient ; l'astuce est de l'amener là où on la veut, tout en la persuadant que le choix lui appartient. Si les mouches goûtent le sucre mieux que le vinaigre, offrons-leur des fruits confits. Appâtons-les avec des facéties, conduisons-les sur un pas de bourrée vers la salle où nous nous produisons. Et là, une fois les portes bouclées, prenons la pose et donnons pleine mesure à notre art. Non ?

Madeleine balaie mes suggestions comme si je lui proposais de s'ébattre dans un tas de fumier. Ses années Modène lui ont inspiré une haute idée de sa valeur, et depuis qu'elle a signé au bas du parchemin qui lui donne privilège de choisir ses rôles, elle se vit en impératrice, en déesse. Elle menace de me répudier si ma trivialité compromet sa carrière de tragédienne. Je m'abstiens de répondre que pour descendre d'un piédestal il faut d'abord y être monté. Un jour, bientôt, elle sera certainement la plus grande actrice de France, mais pour l'heure elle est aussi débutante que moi. Nous nous querellons. Elle se drape dans sa tunique et sa dignité, elle me refuse sa couche. Je renonce à nous donner de la publicité, et nos débuts artistiques se poursuivent devant une salle où les spectateurs venus chercher refuge contre le crachin normand ronflent sur deux octaves.

C'est un défaut dont je n'ai pas su me guérir : je plie l'échine devant ceux que j'aime. Je deviens faible, sot, j'oublie où sont mes intérêts, je me laisse mener en lisière comme un petit enfant. Le Vieux m'a tancé cent fois là-dessus. Il faut, répétait-il, se garder d'aimer en un point qu'on ne puisse n'aimer pas. Vous avez compris ? À sa façon alambiquée il voulait signifier qu'en amour il est prudent de rester maître de soi.

À quoi bon ? Que seraient les jours et les nuits sans les abandons, sans les excès ? D'ailleurs, quand je l'ai mieux connu, j'ai compris que le Vieux ne se tenait pas si solidement qu'il le prétendait. Le chahut autour de son cabinet de travail, l'odeur des tripes dans l'escalier, mon rire quand je le taquinais le rendaient enragé. Il détestait les grosses araignées, la perfidie des critiques, la Faculté de médecine qu'il accusait de vouloir l'envoyer les pieds outre, et les coquettes qui aguichent sans se livrer. Il affectait de mener son cœur à la baguette, mais il craignait plus que tout de n'être pas aimé à la mesure de sa démesure. Il pensait que sur ce point nous nous ressemblions. Parce que je tournais en ridicule le désespoir amoureux avec beaucoup de vérité, il me croyait aussi jaloux que lui. Il se trompait. J'aime aimer, je vous l'ai dit, et sur ce point je me suffis. Quant à l'amour qu'on prétend me porter, je n'ai jamais eu besoin de le peser comme un sac de grains, ni de le surveiller comme le lait sur le feu. Je me contente d'y croire. Et pour y croire, de me le raconter. Sur ce point-là aussi, je me suffis. Je suis si comédien que je me joue la comédie à moi-même.

Pendant quinze ans je me suis persuadé que le Vieux m'aimait, que ma femme m'aimait, que le roi m'aimait.

Et je l'ai cru.

Cela m'a aidé à vivre, bien sûr.

Mais j'en suis mort.

Ils m'appelaient le Petit

Dans les jours qui ont suivi son enterrement, le cimetière Saint-Joseph n'a pas désempli. Les gens se pressaient autour de sa tombe comme pour le complimenter au sortir du théâtre. Boutiquiers, artisans, étudiants, menu fretin du parterre et bourgeois des loges, tous pareillement étonnés qu'il ne sortît point du caveau pour leur faire la grimace. Nous n'avions pu donner *Le Malade imaginaire* que quatre fois, ils avaient faim de lui. Ils rappelaient les meilleurs moments de nos comédies, ils riaient, puis ils se taisaient et ils soupiraient. Certains tiraient de leur besace à manger et à boire, d'autres une flûte ou un violon. Le froid nous brûlait la poitrine, mais nous lui donnions l'aubade, nous lui tenions compagnie. Armande n'était pas là, elle se cadenassait chez elle, rue de Richelieu. Elle y conférait avec notre camarade La Grange qui tenait le registre dans lequel étaient consignés les mariages, les naissances, les maladies et les morts au sein de la compagnie, le détail des spectacles, les frais fixes et exceptionnels, les recettes, les gratifications octroyées par le roi ou les seigneurs chez qui nous allions en visite, les sommes versées aux auteurs et aux acteurs. Ce document-là permettait de suivre le quotidien de la troupe et l'état de sa trésorerie, mais surtout de pister le goût du public et d'ajuster notre offre. Les pièces nouvelles présentées sous le nom de Molière rapportaient plus que tout autre comédie ou tragédie. Sans cette manne, qu'adviendrait-il de nous ? Armande n'était pas femme à perdre son temps en lamentations, je me doutais qu'elle préparait déjà l'avenir. Je me demandais si elle allait convoquer Maître Pierre. Si elle allait lui proposer un marché.

En faisant mine de rien.

Ou en jouant cartes sur table.

Mais quelles cartes ?

Connaissait-elle les règles de ce jeu-là ?

Je suis la Désirée

Mercredi, le 22 de février

Mes camarades pleurent comme si chacun d'entre eux avait enterré à la fois un père, un frère, un mari et un amant. Mais il nous faut rouvrir le Palais-Royal au public. Reprendre *Le Malade imaginaire* sans Molière.

Voudront-ils ?

Madeleine trouverait moyen d'empêcher la troupe de se débander malgré la mort de son chef. Elle s'imposerait pour le remplacer.

Saurai-je ?

Quand je pense à elle je dis toujours : Madeleine. Enfant je l'appelais Marraine, en détachant les syllabes : Ma reine. Ce surnom lui mettait le sourire aux lèvres, j'en ai usé et abusé.

Jusqu'à mes dix-sept ans je n'ai connu que le couvent où l'on m'avait placée au sortir de nourrice. Les visites de Madeleine étaient mon seul contact avec le monde. Rien ne les annonçait, je ne les attendais pas. L'abbesse venait me chercher à l'office : « Hâtez-vous, Armande, votre sœur vous demande. » À des chuchotements dérobés j'avais compris que cette sœur versait une pension pour mon entretien, mais que l'argent ne suffisait pas à rendre sa personne estimable, ni sa présence souhaitée. Je me demandais pourquoi.

La dame qui ôtait son gant pour caresser ma joue ne ressemblait à aucune des parentes qui se présentaient au parloir. Elle était fardée et très élégante. Elle se tenait droite, elle avait un air libre, dégagé, un rire qu'on entendait de loin. Et un teint, et des yeux. Je la trouvais la plus merveilleuse du monde, je rêvais de lui ressembler.

Pour quelle raison ma mère, que je croyais aussi la sienne, ne m'écrivait-elle jamais ? Avais-je démérité ? M'avait-elle oubliée ? Ma belle visiteuse éludait mes questions et parlait de théâtre, de seigneurs, de nos frères Joseph et Louis Béjart, et aussi d'un Baptiste qu'elle semblait affectionner. Elle portait avec elle un panier d'où elle tirait des friandises, un carré de dentelle, une poupée, un jeu de dominos. Une fois, un chat. Le chat m'a griffée au visage, j'en porte encore la marque. Je l'ai jeté dans le puits. Elle n'en a rien su.

Les religieuses ne nous apprenaient pas à aimer. Sauf le Christ, pour celles qui le cherchaient. Je vivais dans une solitude du cœur dont je m'accommodais d'autant mieux que je n'imaginais pas qu'il pût exister autre chose. Je ressemblais aux plantes aromatiques de notre petit jardin. J'avais peu de besoins, je me contentais de ce qui m'était donné. Je faisais la conversation au vent, aux pierres du cloître. Je savais mieux qu'aucune de mes camarades composer avec le temps. Fixer un but sans me laisser distraire. Offrir aux autres le visage qu'ils attendaient de moi. Et tenir.

Tenir est la clef de tout.

Aujourd'hui comme alors, je tiendrai.

Baptiste est mort.

Molière doit lui survivre.

Pour vous je serai l'Accoucheuse

Le problème ne venait pas du public, mais de lui. De son apparence, de sa diction, de sa façon de bouger. Il avait la bouche molle, il se tenait voûté et les mains sur les hanches, il avait l'air d'un boutiquier, d'un cocher, de tout sauf du noble confident d'un empereur. Sur l'estrade il haranguait ses partenaires comme s'il voulait les convaincre d'acheter une soie lyonnaise sans regarder au prix. Il déclarait sa flamme avec des façons de pigeon au printemps, il trépassait avec des sursauts de truite à l'hameçon. Je lui disais : Redresse-toi, ne roule pas des yeux, gesticule moins, tu dois inspirer le respect. Il essayait de m'obéir et c'était pire. Il gonflait le torse, rejetait la tête en arrière et déclamait en direction du plafond. Ajoutez un débit de chaudron bouillonnant compliqué d'un hoquet comme si à la fin de chaque phrase il manquait d'air, et vous aurez le tableau complet.

S'il en était conscient ? Très. Mais avec cette façon qu'il avait de se tourner toujours en dérision, il en riait. Il avait moins d'orgueil que de passion et il aimait les défis. Il professait qu'il n'est d'obstacle qui ne puisse être contourné, et que le succès est affaire de vouloir autant que de talent. Lorsque nous avions créé l'Illustre Théâtre nous ignorions qui d'entre nous serait capable de séduire le public. Mais tous nous étions prêts à passer par le chas d'une aiguille pour y parvenir. Mon frère aîné Joseph souffrait depuis l'enfance d'un bégaiement qui allait et venait sans que personne comprît ce qui le déclenchait. Les médecins accusaient ses nerfs, les curés proposaient de l'exorciser, et ma mère se reprochait un pendu qu'elle avait croisé sans se signer peu avant d'accoucher. Quand elle s'installait, cette infirmité empêchait Joseph d'articuler trois phrases à la suite. La sage-femme qui m'avait délivrée de ma fille nous a parlé d'un savant qui soignait les maladies de la langue. Mon frère a déménagé à Angers où ce guérisseur exerçait. Dans ses lettres il nous contait les manipulations cruelles auxquels il le soumettait : « J'en reviendrai fou, ou muet, ou acteur. Nous verrons. » À cette époque je pensais avoir plus de dispositions que Baptiste pour ce qui permet de sortir du lot commun. Vous diriez plus de cordes à mon arc. J'étais aussi à mon affaire dans l'alcôve qu'au clavecin, et à mon écritoire que sur le théâtre. La facilité avec laquelle Baptiste bouffonnait, je l'avais pour suspendre votre souffle ou vous tirer les larmes. Et comme il désirait progresser, il me suppliait de n'être pas seulement son amante, mais son conseiller et son juge. J'ai fait de mon mieux. Lui aussi. Il a mâché des cailloux pour maîtriser son phrasé, il s'est posé une cruche sur la tête pour redresser sa nuque, il a arpenté l'estrade à cloche-pied pour gagner en équilibre, il a appris à tirer l'épée pour ne pas se ridiculiser en duelliste. Il n'en est pas devenu plus majestueux. Par un caprice étrange, ce garçon qui se transformait à volonté ne parvenait pas à attraper le bel air, ni à réciter une tirade sérieuse avec le ton qui convient. Mais nous devions aller de l'avant. Nous avons quitté la foire de Rouen sans avoir engrangé un sou, et nous nous sommes entassés dans le coche pour Paris.

Les travaux de la salle que nous avions réservée auraient dû toucher au point final. Ils n'avaient pas commencé. J'ai assaisonné au vitriol le charpentier, et surveillé moi-même le choix des poutres et bardeaux dans les entrepôts du port Saint-Antoine. Il fallait occulter les ouvertures qui bordaient le plafond, démonter sur les grands côtés les galeries existantes et les remplacer par deux étages de galeries cloisonnées en sorte d'offrir en vis-à-vis deux fois vingt loges confortables. Au bout opposé à l'entrée, il fallait monter ce que vous appelez « la scène » et que nous nommions « le théâtre », puis la doubler d'un second plancher en hauteur d'où s'élanceraient dieux ou diables dans ces rebondissements féeriques dont le public raffolait. Il fallait, à l'autre extrémité, bâtir une troisième galerie surmontée d'un amphithéâtre où s'entasseraient ceux qui ne pouvaient s'offrir les meilleures places. Il fallait poser les escaliers et ouvrir deux portes pour les spectateurs du parterre qui nous applaudiraient debout, et deux autres pour ceux des loges. Enfin il fallait paver à neuf la chaussée devant l'entrée de la salle afin que les carrosses y accédassent facilement. Baptiste bourdonnait comme un insecte heureux. En bon fils de tapissier, il aimait la décoration. Il a choisi tissus et tentures, et accroché quatre grands lustres à chandelles au-dessus de la salle, plus deux au-dessus de la scène. L'ensemble avait belle allure. Nous étions fiers, et très impatients de nous lancer. Nous avions décidé de nous établir rive gauche pour nous distinguer des deux troupes célèbres installées à l'année sur la rive droite de la Seine. Les Comédiens du Roi, qu'on appelait aussi les Grands Comédiens, occupaient l'Hôtel de Bourgogne, près des Halles, et leurs rivaux les Petits Comédiens, le théâtre du Marais qui était un ancien jeu de paume un peu plus grand que le nôtre. Les gens de qualité ne juraient que par l'Hôtel de Bourgogne où le gros Montfleury faisait ronfler l'alexandrin comme personne. Les gens de goût préféraient le Marais où le maigre Floridor jouait avec plus de naturel. Le premier était parrainé par le roi. Le second avait la faveur de Pierre Corneille qui depuis vingt ans lui vendait ses tragédies, mais aussi ses comédies où le farceur Jodelet faisait merveille.

Et nous ? Nous allions offrir du sang neuf. Nous avons engagé quatre maîtres joueurs d'instruments et un danseur professionnel pour mêler au théâtre parlé des intermèdes dansés inspirés des entrées de ballet qu'on voyait à la cour. Nous avons commandé à des auteurs dont la plume pouvait concurrencer celle des tragédiens à la mode huit tragédies et une tragi-comédie de bonne facture. L'Hôtel de Bourgogne et le Marais ne proposaient pas plus de trois ou quatre créations par an, nous étions sûrs de leur damer le pion.

Pas de comédie ? Non. Nous voulions du haut théâtre. Je n'imaginais pas me produire autrement que drapée à l'antique. Et je voulais réciter des vers si beaux que j'en serais émue.

Nous avons ouvert le jour de l'An de 1644. Paris n'avait pas encore d'éclairage public et en hiver la nuit tombait vers cinq heures. Les rues étaient étroites, les encorbellements des façades vous rendaient l'ombre encore plus noire, vous glissiez sur la chaussée boueuse ou gelée, les pavés des trottoirs vous rompaient les chevilles, prostituées et malandrins pareillement disposés à vous détrousser vous attendaient sous les porches. Une ordonnance imposait de commencer les représentations à deux heures précises afin de permettre aux gens qui allaient à pied de rentrer au logis sains et saufs. Soucieux de ne pas risquer la bourse et la vie de nos spectateurs, nous avons débuté à l'heure prescrite sans attendre que la salle se remplisse. Devant un parterre où seuls nos amis étaient venus nous fêter. Le lendemain, pareil. Le surlendemain, à peine mieux. *La Gazette* qui recensait les événements marquants à la cour et à la ville ne mentionnait nulle part que l'Illustre Théâtre accueillait grands et petits au jeu de paume des Mestayers, sis sur le fossé, près la tour de Nesle. L'expérience humiliante de Rouen ne m'incitait pas à l'optimisme, mais Baptiste gardait sa belle humeur. En me chahutant dans les loges tapissées par ses soins il me soufflait : « Je lutine la Fortune soir et matin, je lui fais tout ce que je te fais ! Avant quinze jours, si tu n'es pas jalouse, elle nous rendra au centuple le plaisir que je lui donne ! »

Jalouse ? De lui ? Pas plus que lui de moi. Nous avons vécu près de trente ans côte à côte. Sans tout nous dire, mais sans rien nous cacher. Même le chagrin que parfois nous avons éprouvé de ne pas être l'un à l'autre ce que Modène avait été pour moi. Ou ce que le Petit allait devenir pour lui. Quant au plaisir qu'on prenait dans les bras de Baptiste... nous y reviendrons peut-être.

« Avant quinze jours. » Quatorze jours exactement après nos débuts, un incendie a ravagé la salle du Marais. Personne n'a su comment le feu avait commencé. Nous avons jeté des seaux d'eau avec Floridor et les siens, les Italiens ont joint leurs efforts, tout le quartier s'y est mis. Malgré ce bel élan, en moins de deux heures la structure, les décors, les costumes dont chacun valait son poids d'or sont partis en fumée.

Si nous y étions pour quelque chose ? Une pipe posée à dessein sur un paquet d'étoupe ? Une chandelle tombée sur un ballot de paille oublié par un hasard serviable sous une toile qui ne demandait qu'à s'enflammer ? Poussant d'un cran vous suggérez qu'en évinçant le Marais nous pouvions espérer non seulement récupérer son public, mais les pièces nouvelles de Maître Pierre ?

Si vous le pensez, c'est que vous ne comprenez rien à ce que sont les comédiens. Le théâtre est une parentèle turbulente où jeunes et vieux se chamaillent, s'arrachent la perruque et se volent leurs effets. Comme dans toutes les familles. Mais pas un de ses membres, si désespéré fût-il, ne réduirait la maison de son cousin en cendres. Pas un ne lui déroberait, en plus du moyen de gagner son pain, sa raison de vivre. Il en était ainsi de mon temps. Je suis sûre qu'il en est de même chez vous.

Une famille. J'espère que votre époque sait encore ce qu'est une famille.

Ceci dit, même entre parents, il arrive que le malheur de l'un fasse le bonheur de l'autre. Floridor et sa troupe se sont attelés à reconstruire leur théâtre, mais en attendant nous avions le champ libre pour ouvrir nos ailes. Baptiste visait la lune, moi les étoiles. J'ai prié mon cher Modène de nous aider à trouver une échelle. Comme vous le savez, il était proche de Monsieur, frère de feu Louis XIII qu'on avait enterré l'hiver précédent, et lieutenant-général du royaume pendant la minorité de l'enfant Louis XIV qui n'avait que six ans. Modène a obtenu du prince qu'il m'accordât un tête-à-tête. Gaston d'Orléans aimait la musique et les femmes. Je lui jouai quelques airs qu'il apprécia beaucoup. Un moment en entraînant un autre, nous passâmes l'après-dînée ensemble et nous quittâmes fort contents. Le résultat en fut qu'à l'été l'Illustre Théâtre reçut permission de se déclarer « entretenu par Son Altesse royale ». Nous étions lancés.

N'allongez pas ce nez. Je ne vous reconnais pas plus qu'à ceux qui m'entouraient le droit de me juger. De mes quinze ans jusqu'à aujourd'hui j'ai tiré mon vin des vendanges qui se présentaient. J'ai regardé, désiré, utilisé les hommes comme des moyens. Seul Modène m'a été une fin. Les autres ont glissé sur moi comme sable entre les doigts.

Et Baptiste ? Ni une fin, ni un moyen. Ou un peu des deux. Ou tout à fait autre chose. De cela aussi, nous reparlerons.

Notre bonheur a duré un trimestre. Assez pour nous conforter dans notre politique de prestige et nous pousser à souscrire un emprunt afin de payer, en plus des chandelles et des affiches, notre orchestre, notre danseur et les auteurs qui travaillaient à notre succès. Mais la Fortune est une garce qui change d'amant plus souvent encore qu'une actrice. Le Marais a rouvert en octobre avec une salle splendide et deux pièces de Maître Pierre qui ne l'étaient pas moins. Sa *Suite du Menteur* a fait rire et sa *Rodogune* frémir. L'Hôtel de Bourgogne a surenchéri. Le public a couru de l'un à l'autre et nous a oubliés. Nous avons dégainé nos nouveautés, dont une tragédie inspirée de l'histoire de Phèdre, où l'ami L'Hermite m'avait réservé cinq beaux monologues. En vain. Il semblait que pour le plaisir il n'y eût plus qu'une rive à Paris. Celle où nous n'étions pas. Sans rembourser le portier qui nous avait avancé de quoi faire patienter nos prêteurs, nous avons résilié notre bail et loué un autre jeu de paume, du bon côté du fleuve, entre le port Saint-Paul et le Pont-Marie. Outre la salle, le bail comprenait une cuisine, une cave, trois chambres et un grenier. Nous avons quitté la rue de la Perle et nous sommes entassés là. Le menuisier a démonté ce que nous avions installé aux Mestayers et l'a remonté à la Croix-Noire. Nous devions remporter la partie contre le Marais. Nous avons doublé les rangs de loges, garni les sièges d'une tapisserie bleue à fleurs de lys jaunes hors de prix, et couvert Paris d'affiches coloriées vantant l'originalité et la magnificence de notre offre théâtrale.

Je ne jette pas la pierre à Baptiste. Son piètre talent de tragédien n'a pas été seul responsable du naufrage. Janvier se terminait, nous approchions du relâche de trois semaines que l'Église imposait pour le temps du Carême. Nous n'avons pu jouer à la Croix-Noire que sept fois, sans engranger de quoi payer un loyer plus cher que le précédent, ni couvrir nos frais, ni rembourser nos arriérés. À bout de patience, le maçon, le charpentier, le maître chandelier, la marchande de rubans, le linger, et même notre portier, nous ont assignés en justice. Saisissant l'occasion de nous écorcher vif, la femme de ce dernier nous a accusés d'excès, vol et voies de fait sur sa personne. L'ancien libraire Denis Beys, qui était notre doyen, et Madeleine Malingre, dont la santé se ressentait de nos vicissitudes, ont quitté la troupe sans verser le dédit auquel nos statuts les obligeaient. Plus grave pour notre avenir, Nicolas Desfontaines a déclaré forfait. Nous pouvions aisément trouver de nouveaux acteurs, mais pas un auteur de ce calibre. Desfontaines nous avait déjà écrit deux tragédies, nous en attendions deux autres et rien ne garantissait qu'il ne les vendrait pas à nos rivaux.

Notre justice était plus expéditive que la vôtre, vous négligiez de payer votre logeuse ou le maraîcher qui livrait vos légumes et la police vous envoyait dormir au Châtelet. Baptiste s'est retrouvé sous les verrous. Nous avons fait appel. J'ai vendu quelques bijoux et écrit à Monsieur en espérant que le souvenir de notre moment musical l'inclinerait à la générosité. Fidèle à sa réputation d'inconstance, il ne m'a pas répondu. La maison de la rue de la

Perle a échappé à nos créanciers parce qu'elle ne nous appartenait pas en propre, mais toutes les décorations de la Croix-Noire, les bois de la charpente, des galeries et des loges, les toiles peintes, les accessoires ont été saisis, et nos beaux habits de scène adjugés pour une somme dérisoire à notre bailleur. L'Illustre Théâtre n'existait plus. Nous étions sur la paille, avec un reliquat de dettes qui allait nous poursuivre pendant dix ans.

Il ne restait plus qu'à nous mettre nous-mêmes aux enchères.

Mon nom est Pierre

Mercredi, de nuit

Le grand froid que j'ai rapporté du cimetière ne cède pas, je me défends de penser qu'il me vient de Baptiste, que par contagion son cadavre pousse sa glace dans mes os. Je prends mon souper si près de l'âtre que j'en roussis mes pantoufles. Je mange peu, un potage, un morceau de bouilli, une compote, mais je dois me nourrir à heures fixes, sans quoi ma tête s'embarrasse et je n'écris rien qui vaille. Je tâche d'avancer le troisième acte de *Suréna*. En vain. Mon esprit m'échappe, il file rue de Richelieu devant la porte où la populace entasse bouquets et victuailles.

Où trouve-t-on des fleurs au milieu de l'hiver?

Qui aurait cru qu'un Farceur eût autant de fidèles?

Je me demande si ces présents touchent ma Désirée. Si elle est fière qu'on rende hommage à son mari comme à une divinité païenne.

À dessein je ne lui ai pas fait porter de mot de condoléances, je veux que mon silence l'étonne, je veux qu'elle pense à moi. Je la connais, elle a le cœur plus ferme qu'il ne paraît. Avant que de porter le coup qui doit me la gagner, je dois l'attendrir.

Comment émouvoir une jolie veuve qui a l'âge d'être ma petite-fille ?

Je jette au feu les os du poulet que j'ai grignoté. Le plat est en argent, ma femme plus que moi aime les beaux objets, plus que moi aussi elle se soucie que notre train de logis donne l'illusion d'une aisance en rapport avec ma renommée. Le fond est si poli qu'il fait miroir. Se peut-il que ce front jaune, ces ravins autour de la bouche, ces yeux creux, ce cou de cigogne soient miens ?

Parce que sa chaleur me manque et bien qu'elle ne m'en ait pas prié, je rejoins Marie dans notre lit. Elle ne me dit mot. Je lui parle avec mes mains, puis, mine de rien, le reste de ma personne. Je m'endors presque apaisé et me réveille en sursaut un moment après. Collé contre le corps de ma moitié, je grelotte. La bougie est éteinte, il fait un noir de four et Baptiste se tient là, à mon chevet, comme éclairé du dedans et qui me fait signe de le suivre. Malgré mon effroi je ne peux me retenir de me lever. Il m'attend dans mon cabinet, installé à mon bureau, les coudes posés sur le manuscrit de *Suréna*. Il n'est pas très changé, à peine plus pâle qu'à l'ordinaire, mais sa chemise, ses manchettes, ses chausses et même ses bas sont maculés de sang séché. Je songe qu'il porte les vêtements dans lesquels il est mort et, à sa place, je crois voir le Commandeur sommant Dom Juan de se repentir. Je m'en trouve si mal qu'il me faut me cramponner au bois de mon siège pour ne pas tomber raide. Sa main frappant la table me ramène à moi.

— Ce que vous préparez ne vous portera pas chance.

En me demandant ce qu'outre-tombe on sait des projets des vivants, je cherche quoi répondre. Il secoue la tête.

— Vous n'aurez aucun succès avec cette nouveauté.

Il ne parle pas d'Armande, mais de ma tragédie. Par réflexe, je me défends.

— La trame est régulière, les caractères sont beaux, les dilemmes puissants. J'en attends beaucoup.

— Vous serez déçu. Autant abandonner tout de suite. Ce sera votre dernière pièce.

Je me redresse sur mon siège. Je ne sais comment cet animal s'y prend pour me piquer au défaut de la cuirasse. Je réplique sèchement :

— Qu'en savez-vous ?

— Vous croyez m'avoir tué. C'est vous que vous avez tué.

À nouveau je sens la pièce tourner autour de moi.

— Vous êtes fini. Vous allez me rejoindre dans mon trou. Les caresses de ma femme, la faveur du roi, votre place au sommet de l'Olympe, tout ce qu'à force de manigances vous avez cru obtenir s'évanouira comme rêve au matin. En ouvrant les yeux vous serez pour le restant de vos jours dans la nuit.

Je veux le saisir à la gorge et le forcer à ravaler ses menaces. Je ne peux bouger un doigt.

Il a chaussé mon lorgnon, il déchiffre la scène sur laquelle tout à l'heure je me suis escrimé. Il prend le crayon avec lequel je corrige mes rimes, et il biffe plusieurs vers.

— Mieux que vous je connais ce qui plaît au public. Ne vous ai-je pas toujours été de bon conseil ?

Faute de pouvoir lui couper la main et la lui faire manger, je lui arrache le feuillet.

Personne, vivant ou mort, ne me donne la leçon.

Je sais ce que je vaux et crois ce qu'on m'en dit. Je suis le grand Corneille, né pour commander aux rois et pour vivre sans maître. Quand je prends ma plume, un souffle qui est moi et qui est plus que moi gonfle mon ventre, mon bras devient le lit par où coule son flot, dans son élan qui me transfigure j'embrasse la terre et ses humains, le ciel et ses dieux. Je descends aux abîmes pour y cueillir des perles, je berce des naufrages, je pourfends les médiocres, je dénonce les indignes. J'aime, je souffre, je meurs, je me relève et, le lendemain, je recommence. Je suis aussi seul qu'au tombeau et j'abrite sous mon front, dans mon cœur, une foule.

Voilà ce qu'aucun comédien, si doué soit-il, ne vivra jamais.

Voilà, si elle m'écoute, ce que notre Désirée comprendra.

Je suis un souffle.

Une solitude.

Une foule.

Cette nature me rend mieux propre à peindre la grandeur romaine qu'à me pousser dans le monde. Voyant peu de rival à qui je fasse tort en le traitant d'égal, je souffre mal la critique. Je hausse rarement le ton parce qu'à l'oral je bégaie et prends un mot pour un autre, mais dans mon particulier j'examine si ce que mon adversaire conserve de réputation vaut que je m'emploie à la ruiner, et si tel est le cas, je m'y consacre. Deux hommes, deux seulement, ont eu prise sur ma vie. Le premier se nommait Claude Delidel, il était régent au collège de Bourbon où je faisais mes humanités. J'avais douze ans, lui vingt-cinq, curieusement né comme moi un six du mois de juin. Le jeune père jésuite a vu dans l'enfant bredouillant ce dont personne ne se souciait. La faim d'excellence. L'aspiration à se hausser au-dessus du commun. En délivrant ses conseils comme un peintre pose ses touches sur la toile, il m'a guidé dans la seule voie qui pouvait me combler. J'ai étudié le droit afin de contenter mon géniteur qui ne concevait pas que la poésie permît de nourrir une famille, mais en secret, j'ai composé des vers. J'ai soumis mes premiers sonnets au père Delidel. Avant de la confier à l'acteur Montdory, je lui ai lu ma *Mélite*. Lorsqu'il a quitté Rouen pour enseigner à Paris, nous nous sommes écrit. Un pas après l'autre, il m'a accompagné sur le chemin de la gloire. Il s'efforçait de m'élever l'âme jusqu'en ces régions où l'on est esprit plus que chair. Il me parlait de la parabole des talents, de ce que l'on doit à Dieu et de ce qu'on se doit à soi-même.

Pierre, qu'as-tu fait de ce qui t'a été donné ?

Le terrible Armand du Plessis de Richelieu a pris sa suite. Ce serpent d'État m'a fait trop de bien pour en dire du mal et trop de mal pour en dire du bien. Non content d'être le prélat le plus puissant du royaume, il se rêvait homme de théâtre, et il ne désirait rien tant que de voir applaudir des œuvres qui porteraient son nom. Il avait le goût sûr et des idées, mais lui manquaient le loisir et la technique. Pour écrire à sa place il a engagé les cinq meilleures plumes du royaume. Jean Rotrou, Boisrobert, Colletet, Claude de L'Estoile et moi. On nous appelait ses Cinq Auteurs, nous lui appartenions, il signait nos productions et nous récompensait à la mesure de notre docilité. J'étais le plus jeune. Le plus doué. Et le plus rétif. Je n'ai pas longtemps supporté de devoir corriger des vers dont j'étais satisfait au motif que le cardinal ne les trouvait pas dignes de lui. Je répondais à ses injonctions par des flagorneries en latin où l'irrespect perçait sous l'excès de louanges. Étonné qu'un domestique qu'il pensionnait se crût indépendant, il me pardonnait parce qu'en amateur de bel ouvrage il appréciait ma plume. Et puis l'année de mes trente ans, *Le Cid* connut un triomphe sans équivalent et le ministre qui décapitait les seigneurs prit ombrage de mes lauriers. S'il ne lança lui-même ses chiens contre ma pièce, il ne fit rien pour les museler et il me laissa lacérer par mes détracteurs avant de les sommer de rentrer leurs griffes. Les bontés qu'ensuite il eut envers moi, les libéralités dont jusqu'à sa mort il m'honora, la main de Marie obtenue grâce à lui, ne purent compenser qu'on m'eût menacé de cinquante coups de bâton parce que Chimène désirait en Rodrigue l'assassin de son père, ni que Son Éminence eût toléré les libelles qui disaient de moi : « *Corneille déplumée, esprit de fange, âme de savetier dont les parents ont mené la charrue…* »

Je n'ai pas été conçu dans une couche princière, la belle affaire ! Se pare qui voudra du nom de ses aïeux, je ne renie ni le père qui m'a nourri, ni la province où j'ai grandi. La bassesse du rang ne va pas jusqu'à l'âme, ma roture en sabots sous un pommier ne m'a pas empêché d'enfanter les héros les plus flamboyants de tout notre théâtre. Que ceux qui y trouvent matière à raillerie se lèvent, j'ai la rancune tenace et je ne crains personne. D'aucuns prétendent que je manque de bravoure physique et que l'on ne me verra jamais une lame à la main. C'est vrai. La raison en est simple : je n'en ai pas besoin. Je tue ceux qui me trahissent ou me déçoivent d'un trait, sans effort.

Avec des mots.

Je suis l'Intouchable

E*t qui veut tout pouvoir doit oser tout enfreindre.*

Entre autres manies, le Vieux a celle d'ajuster en douze pieds les réflexions morales ou politiques qu'il juge préférable de ne pas afficher au grand jour. Il les place dans la bouche des comédiens et ainsi égrène des opinions urticantes sans hasarder sa propre tête. Vous n'avez pas lu le grand Corneille depuis longtemps, vous voulez des exemples ?

Et la gloire du trône accable les sujets.

La justice n'est pas une vertu d'État.

La gloire d'obéir n'a rien qui me soit doux.

Le verbe donneur de leçon, oui, mais seulement par le truchement d'autrui. La vérité est que le père du bouillant Horace est un pleutre. Quand, après le succès du *Cid*, Louis XIII a anobli sa famille et que, avec cet honneur lui est échu droit de porter l'épée, il a aussitôt signifié qu'il ne l'exercerait pas, et je parierais qu'il ne s'est jamais empoigné avec un camarade dans le préau des Jésuites, ni plus tard avec un rival en amour. Quant au poète à gros nez dont les tragédies font bâiller Louis XIV, il rase les murs par crainte des quolibets.

Désobéir un peu n'est pas un si grand crime.

Certes. Mais depuis les coulisses, en laissant des hommes plus courageux que lui encourir foudre et châtiment à sa place.

Des hommes comme moi.

Bien sûr, je l'ai compris trop tard.

Ces hommes-là qui, à la différence des rats de grimoire à gros nez, prennent la vie au collet. On ne bâtit pas une maison sans se salir les mains et on n'établit pas un théâtre à Paris sans payer de sa personne. Ou de celle des autres, s'il le faut. Oui, pour lancer l'Illustre Théâtre, Madeleine et moi avons emprunté de l'argent. Beaucoup d'argent. Trop. Mais nous étions pressés de réussir. Nous n'avons pas manqué de talent, seulement de moyens et peut-être aussi de chance. Si nous nous étions établis d'emblée sur la rive droite. Si le public avait montré plus de curiosité. Si cette année-là l'hiver avait été moins rigoureux. Si mon père m'avait ouvert ses coffres. Si Monsieur, qui perdait chaque soir aux cartes deux cents fois le montant de nos dettes, nous avait renfloués. Le naïf que je suis ignorait que la Fortune ne se donne jamais, elle se prête, et le plus offrant a toujours ses faveurs. L'optimisme des débutants, l'obstination des ambitieux, le manque de clairvoyance ne sont pas des péchés. Et devoir quelques centaines de livres à son portier ne fait pas d'un brave comédien un criminel.

Je n'ai eu honte de moi que deux fois dans ma vie.

Quand une lettre écrite d'une plume trempée dans du poison a appris au roi que j'avais épousé ma propre fille.

Quand le Vieux m'a signifié que j'étais sa créature, tout entier dans sa main, et que sans lui je n'existais pas.

Mais ce n'étaient pas là blessures d'orgueil. Plutôt, dans l'un et l'autre cas, chagrin de grand amour.

Si vous m'en donnez le loisir, je vous conterai ces épreuves-là aussi.

Madeleine a raison, j'ai moins de fierté que de passion. Les crachats me brûlent sans m'entamer. Je me panse avec le sourire d'un ami, avec un moment de plaisir, et je poursuis ma route. Je creuse mon sillon, je suis mon élan, jamais je ne regarde en arrière, toujours en avant, tirant et poussant ceux que les hasards du chemin ont liés à moi.

Lorsqu'en 1645 l'Illustre Théâtre s'est trouvé acculé par ses créanciers, le prévôt m'a saisi au corps plutôt que Charles Dufresne parce que j'avais signé la plupart de nos billets à ordre et que mon père avait pignon sur rue. Je ne me suis pas inquiété, je savais que mes camarades allaient assécher la Seine pour me tirer de là. Je suis entré dans les geôles du Châtelet la tête haute, en curieux. Trois petits tours et je m'en irais, en attendant il y avait sous ces voûtes vénérables beaucoup à voir, donc à apprendre. Le Vieux vous dira qu'on peut tout connaître du monde sans branler de chez soi. Je réponds que rien ne vaut l'expérience vécue. Dormir un soir sur une paillasse si grouillante de vermine qu'on la croirait vivante, et le lendemain dans une couche princière, vous apprend à saisir le beau, le doux, quand ils passent à votre portée, à les étreindre et à ne pas les pleurer s'ils vous quittent.

Le Vieux croit à l'éternité.

Je crois aux instants.

Et vous ?

Ils m'appelaient le Petit

Vous nommez l'affection qui alitait Baptiste presque chaque année tuberculose. Notre Faculté distinguait les toux sèches, phtisiques, catarrheuses, épileptiques et pesteuses, mais sa science n'allait pas plus loin. Elle saignait le patient partout où elle pouvait passer sa lancette, elle lui donnait à boire du lait de chèvre ou d'ânesse, elle le couvrait de sangsues et de cataplasmes. Dans les cas extrêmes et à prix d'or elle lui imposait la momie, qui est une décoction savante faite à partir de la chair desséchée au soleil d'un homme roux mort par pendaison. Et quand ces soins diligents envoyaient le malade les pieds outre, elle accusait sous bonnet noir et d'une seule voix : « Le poumon ! le poumon ! »

Le siège d'une douleur en dit sur les tourments de l'âme autant que sur ceux du corps.

La poitrine n'abrite pas seulement les poumons.

Le cœur y souffre nos fièvres et nos chagrins, il s'y serre, il s'y glace.

Celui de Baptiste, qui avait si ardemment battu, s'était tu.

Celui de Maître Pierre, qui se prétendait maître du moindre de ses mouvements, s'affolait.

Armande ne songeait qu'à l'argent perdu chaque jour où le Palais-Royal gardait ses portes closes.

Elle exigeait que je reprisse le rôle d'Argan joué par Molière le soir de sa mort.

Moi, je cherchais quand et comment la quitter.

Pour vous je serai l'Accoucheuse

Vers la Mi-Carême se tenait à Paris la grande bourse aux comédiens. Ni plus ni moins qu'un vaste marché dont les veaux et les poulinières étaient humains. Les chefs de troupe, ceux établis dans la capitale et ceux qui passaient l'an à voyager, venaient s'y approvisionner en talents frais. Les acteurs dont la renommée servait de passeport étaient recrutés sans qu'on leur demandât leur âge ou leur état de santé, mais pour les débutants, dont nous étions, on les regardait sous le nez comme des bestiaux. Tourne-toi, lève les bras, tes cheveux sont-ils vrais ? délace un peu ton corset, tu n'es pas poitrinaire, au moins ? montre tes mollets, récite quelque chose, lis-tu la musique ? danses-tu ? as-tu gros appétit ? te faut-il beaucoup de confort ? sais-tu assez de couture pour ravauder tes costumes ? as-tu un mari ? une femme ? des enfants ? des vices autres que ceux du commun ?

Vous vous en doutez, j'ai refusé de me prêter à ce manège. Le duc de Modène m'avait aimée, Monsieur m'avait reçue dans son particulier, je n'étais pas une marchandise. J'ai lancé quelques lignes et sorti de l'eau le poisson dont nous avions besoin : Charles Dufresne. Le nom ne vous dit rien ? Ce brave homme a pourtant joué un rôle presque aussi important que moi dans la vie de votre gloire nationale. Le bon Charles était natif d'Argentan et fils d'un peintre de Gaston d'Orléans. Il dirigeait une troupe d'excellente réputation qui, outre son épouse, comptait sa sœur, son beau-frère, le rimailleur Pierre Réveillon flanqué de sa femme, et René Berthelot, sieur Du Parc, remarquable par son embonpoint autant que par sa joie de vivre. Cette compagnie appartenait à Jean-Louis de Nogaret, duc d'Épernon, qui la protégeait et pensionnait, à charge pour les acteurs de l'accompagner dans ses déplacements et de lui donner la comédie en tous lieux publics et privés de son choix. Épernon était gouverneur de la Guyenne où Baptiste et moi n'étions jamais allés, mais dont à Paris on vantait la richesse et le climat clément. Le nom en imposait et ce parrainage-là, dont Dufresne se gargarisait comme d'une tisane au miel, semblait plus fiable que celui du versatile Monsieur. J'ai rondement négocié l'affaire. On désirait s'adjoindre mes appas et mes dons ? Je n'étais pas une, mais quatre. Mon frère Joseph qui ne bégayait presque plus, ma sœur Geneviève qui jouerait les utilités, Baptiste qui s'était attaché à nous comme un lierre, et moi. Pour m'avoir, il fallait nous prendre tous. Dufresne n'a pas hésité. Il a même accepté que Marie Hervé, ma mère, et Louis, mon frère de quinze ans, nous rejoignent. Nous avons signé notre engagement sans regretter une liberté que la faillite de l'Illustre Théâtre avait trop compromise pour que nous puissions la sauver. La confiance que Dufresne nous témoignait et la perspective des voyages en pays de cocagne nous réchauffaient. Notre enthousiasme en bandoulière, nous sommes partis sur les chemins en commençant par Nantes, puis Rennes. Nous laissions derrière nous les menaces, la prison, la perte de nos biens, la rancune des créanciers. Nos lendemains ne pouvaient que sourire.

Pour nourrir l'émouvant roman de votre Farceur, on vous a raconté que l'itinérance des troupes de campagne était un chapelet de misères et d'humiliations. Que nous mangions un jour sur deux, que les puces, le froid, la pluie, la hargne des curés et le mépris des bourgeois nous affligeaient, que nous ne possédions sous le ciel que nos nippes crasseuses et entrions dans les villages à pied, couverts de poussière, marchant à côté du chariot attelé à quatre bœufs où bringuebalaient malles, coffres et toiles peintes, le tout formant une pyramide en haut de laquelle l'une d'entre nous, aussi pauvre d'habits que riche de mine, haranguait les passants dans l'espoir de leur faire débourser cinq sols en échange d'une farce.

Vous commencez à me connaître, me voyez-vous accepter une vie pareille ? Nous nous étions liés à Charles Dufresne pour le meilleur et le pire, mais fidèle à moi-même je n'envisageais que le meilleur. J'ai sorti mon arc, affûté mes flèches et pris pour cible notre protecteur. Amateur de faucons et de bacchanales, le gouverneur de Guyenne avait la réputation d'un féroce. Peu m'importait son caractère, pour servir mon but je lui demandais seulement de s'intéresser à moi. J'ai joué pour lui dans son beau château de Cadillac, et sans qu'il m'en coûtât grand effort je lui ai plu assez pour qu'il souhaitât me revoir. Souvent. Partant de là, mes camarades et moi avons mangé gras, dormi dans des lits propres et renouvelé notre panoplie de costumes. Notre fortune n'était pas assurée, dans notre partie rien ne l'est, mais nous allions d'une ville à l'autre en voiture fermée et nos bagages suivaient aux frais du duc. Ce qui, en comparaison du sort calamiteux des quelque deux cents compagnies sans parrainage qui écumaient les provinces, était un avant-goût du paradis.

Mes compagnons m'en ont voué une reconnaissance méritée. Dufresne était le chef de notre troupe, mais j'en étais la bienfaitrice. Baptiste ? Il n'était rien encore qu'un parmi nous, il se pliait à ce qu'on exigeait de lui, il ne s'offusquait jamais des critiques, il mettait dans son jeu tant de cœur et d'application qu'il progressait. Franc compagnon, il s'ingéniait à rendre à chacun ces petits services qui adoucissent le quotidien, et comme il savait se faire aimer, tout le monde le recherchait. Même le brutal gouverneur de Guyenne. Ses talents d'imitateur, ses bouffonneries, ses façons à la fois provocantes et obséquieuses amusaient si bien Sa Seigneurie que le duc réclamait Baptiste avant ou après le spectacle presque autant que moi. Nous étions partageurs, ce qui profitait à l'un réjouissait l'autre, et s'il y avait lieu de se plaindre, nous gémissions à deux.

Parlons un peu des grands seigneurs. Vous avez aboli les privilèges que sous nos rois conférait la naissance, et vous prônez la fraternité en plus de la liberté. La façon dont vivaient Épernon et nombre de ses pairs vous donnerait envie de les pendre sans procès au chêne le plus proche. Parce qu'ils étaient apparentés à la couronne, parce que leur aïeul avait pillé Jérusalem sous couvert de croisade, parce que tel ou tel souverain les avait choisis pour régenter une province, parce que leur famille possédait terres et abbayes, ces heureux mortels évoluaient dans une sphère où le commun n'entrait que par la porte dérobée des artistes et fournisseurs de menus plaisirs. Si vous apparteniez au très petit monde de la haute noblesse, hors comploter contre l'État, tout ou presque vous était permis. Fouetter votre valet pour un verre renversé, le bastonner à mort pour un feu mal éteint. Exercer droit de cuissage sur les filles et garçons de votre domaine, pubères ou non. Engeôler votre épouse dans une tour ou un couvent, selon votre humeur. L'étrangler, la poignarder, l'empoisonner, la jeter du haut d'un escalier si elle vous faisait cornu, preuves à l'appui ou non. Tirer les passants à l'arquebuse depuis les fenêtres de votre hôtel parisien. Financer vos chasses, vos fêtes, vos guerres, vos bâtiments et vos débauches en tondant vos paysans. Les châtrer s'ils défendaient leur femme ou leur grain, leur couper la langue s'ils osaient vous maudire. Sans encourir pire châtiment qu'un procès dont les juges vous étaient généralement acquis, et un éventuel séjour dans une prison où vous étiez logé et nourri aussi bien que chez vous.

Comment nous autres, qui n'étions pas aveugles, souffrions que ces gens faits de matière périssable ni moins ni plus que nous traitassent ainsi leur prochain ? Comment acceptions-nous qu'ils dépensassent chaque semaine en perruques et rubans plus que la famille d'un cordonnier en trente ans de labeur ? Qu'en cas d'accident fatal sur un de leurs chantiers, le dédommagement consenti à la veuve d'un maçon fût inférieur au coût d'un cheval percheron ? Que nos enfants fussent souillés et mutilés pour satisfaire leur concupiscence ?

Bien sûr, nous avions des yeux, et chaque jour nous mettait sous le nez sa brassée d'injustices, plus quelques horreurs qui nous couvraient de sueur froide. Mais il fallait vivre, je vous l'ai dit, et pour distancier la Faucheuse vivre à grandes enjambées. Se concentrer sur le but à atteindre, et pour ne pas trébucher s'abstenir de scruter les fourrés alentour. Chaque temps a ses coutumes et ses égarements. Peu d'entre nous récusaient un système dont l'Église, alors aussi puissante que la couronne, nous assurait qu'il reflétait la volonté divine. Sacré à Reims, oint du Saint Chrême, notre souverain était le bras droit du Christ, délégué par Dieu pour gouverner le royaume de France. Sa noblesse était la prolongation de ce bras, et son clergé le soutien de son trône. Nous autres, baladins, artisans, commerçants, paysans et roturiers de tout poil formions le tiers état dont le labeur nourrissait le pays. Nous étions les abeilles ouvrières de la ruche, utiles seulement par l'entremise de ceux que nous servions, et de notre passage sur cette terre ne devait rester aucune trace.

Sans me hausser du col jusqu'à prétendre réformer l'ordre établi, je voyais les choses différemment. J'ambitionnais de laisser non seulement une trace, mais un nom. Je comptais qu'on louât le talent de la Béjart longtemps après sa mort et que les actrices à naître rêvassent de lui ressembler.

Baptiste ? Il ne regardait pas au-delà de la prochaine comédie à apprendre puis à porter sur scène. Jouer, juste jouer, le comblait assez pour accepter d'être à peine mieux considéré qu'un palefrenier par des privilégiés que leurs apanages ne suffisaient pas à rendre estimables. Le haut du pavé ne frayait avec le bas qu'au lit ou au théâtre ? Nous nous glissions par les portes entrouvertes et nous satisfaisions du plaisir que nous procurions. J'avais un vrai talent et Baptiste ce *je-ne-sais-quoi*, dirait le Vieux, qui donnait envie de croire en lui. Mais une semence a besoin de soins pour germer. Le duc d'Épernon et ses pareils ont assuré notre survie. Sans leur magnificence et le goût qu'ils avaient de notre art, vous n'auriez jamais entendu parler de nous. Charles Dufresne ne nous aurait pas enrôlés, sous sa houlette nous ne nous serions pas formés au métier d'acteur, Pierre Corneille n'aurait pas misé sur nous, Louis XIV ne nous aurait pas remarqués, Baptiste ne serait pas devenu la coqueluche de mon temps et l'idole du vôtre.

Si odieux fussent les grands seigneurs méchants hommes, grâces leur soient rendues.

Tous d'ailleurs n'étaient pas déplaisants. Quand le gouverneur de Guyenne ne nous requérait pas, nous étions libres de rejoindre qui nous priait. Or la Guyenne jouxtait le Languedoc où j'avais d'anciennes connaissances qui ne demandaient qu'à renouer avec moi. Le duc d'Orléans gouvernait cette riche province. Il n'y mettait pas les pieds, laissant tout pouvoir à ses lieutenants-généraux. Le comte d'Aubijoux était de loin mon préféré. Avec la mine et la taille très hautes, le visage laid parce que la petite vérole l'avait gâté et la physionomie d'un illustre, il avait tant d'esprit, de cœur, d'honneur, que peu à la cour l'égalaient. D'ancienne souche languedocienne, il parlait le grec et le latin aussi bien que la langue d'oc, récitait *Le Cid* avec l'accent du terroir et menait train fastueux sans jamais faire abstinence si ce n'est d'eau, de poisson et de repentir. Grâce à lui nous avons découvert Albi, puis Montpellier, et joué à Toulouse et à Carcassonne quand il y tenait les États.

Les États ? Une assemblée bigarrée, souvent houleuse, qui réunissait les délégués de la noblesse, du clergé et du tiers état pour examiner les finances de la province, la condition de ses routes et de ses voies navigables, écouter les doléances et tâcher de régler à l'amiable les différends. Le lieutenant-général y voyait surtout l'occasion d'offrir à la population trois ou quatre mois de fête, des rues pavoisées, des carrousels, des joutes, des bals, une braderie de beaux habits, et vingt ou trente grandes tables de cinquante convives ouvertes en permanence. Le vin coulait en source vive, pains et rôts se multipliaient par la grâce du maître des lieux, et nous nous produisions trois fois la semaine à l'hôtel de ville. Pour Épernon, notre protecteur officiel, nous étions des utilités qu'on siffle et renvoie à la niche. Aubijoux nous choyait en familiers, presque en amis. Baptiste et moi ne manquions de rien. Nous partagions le pain, la couche, et respirions d'un même souffle. Avant de s'endormir, il me parlait de la lune. Moi, je rêvais d'une compagnie de théâtre qui porterait mon nom. Ou à défaut, puisque nous étions jumeaux d'ambition et qu'on n'avait jamais vu une compagnie dirigée par une femme, le sien.

Je suis l'Intouchable

Mon nom? Vous avez sur le sujet quantité de théories dont je reste ébahi. Non, je ne l'ai pas emprunté à ma trisaïeule maternelle, quand on se rhabille à neuf, on n'endosse pas la défroque de grand-maman. Non, il ne signifie pas terre molle et grasse, je suis un caméléon, pas un tas de glaise. Malgré la familiarité à l'oreille il ne vient pas de meulière, je ne suis pas non plus un lot de pierres à bâtir. Il ressemble au latin *mulier*, mais cela ne sous-entend pas que je me déguise en femme pour me faire trousser dans les coins sombres. Et il ne cousine pas davantage avec le verbe « légitimer », à l'époque où je me suis rebaptisé, je n'étais le légitimé de personne.

Pas même du grand Corneille.

Alors? Alors, continuez de chercher. Pourquoi vous donnerais-je la clef de mon énigme? Je n'aurai bientôt plus de secrets pour vous, j'entends garder celui-ci. Par coquetterie? Plutôt par nostalgie. Vous avez porté mon nom aux nues, à vos écoliers vous enseignez « la langue de Molière ». Quel auteur français pourrait en dire autant ? Ne m'ôtez pas cette fierté. Il me sera égal de la partager avec qui le mérite, à la différence du loup à gros nez je ne suis avare de rien, mais laissez m'en assez pour me consoler de ce que je vais devoir abandonner.

Le Vieux convoite ma colombe. Il veut aussi me détruire. L'avez-vous compris ?

Je commence de signer *Moliere*, parfois agrémenté d'une particule mais toujours sans accent, quelques mois après notre départ en province. Madeleine préfère rester Béjart, ses frères aussi, à moi il plaît de devenir quelqu'un d'autre. Afin de ménager la susceptibilité de mon père que les déconvenues de l'Illustre Théâtre ont écorchée ? Sans doute. En prévision d'un retour à l'état de tapissier du roi si la suite de nos tribulations déçoit mes espérances ? Peut-être. Ou simplement parce que l'élève de Scaramouche reconverti en tragédien ambulant n'a en commun avec le fils Poquelin que ses sourcils touffus, son goût des belles étoffes et son habileté à ferrer le chaland.

La vie itinérante me plaît. Je la dévore à bouchées triples. La nouveauté attise ma gourmandise, chaque entrée dans une ville ou un village est un festin, et j'engrange tant d'émotions qu'il me faudrait l'éternité pour vous les raconter.

Nous n'avons que peu d'heures, je le sais. Quand le Vieux aura tressé ses souvenirs en corde, un brin dessus, un brin dessous, il me pendra avec. Il le fera sous les yeux de ma femme. Ensuite il me dépècera, enfin il me brûlera et l'œuvre qui porte mon nom avec moi. Je vais presser le pas.

Écoutez-moi, n'écoutez que moi.

La Guyenne, le Languedoc, la vallée du Rhône. Des pierres blondes, des collines rondes comme les hanches de Madeleine, des forêts, des fleuves, des villes prospères, des hivers doux, des étés pavoisés. Paris me manque d'autant moins que nous y revenons pendant le relâche du Carême. Nous changeons de région en fonction des saisons et du désir qu'on nous manifeste. Pourvu que bon gré mal gré on nous laisse dresser nos tréteaux, je suis content. Je découvre que le secret est de capter l'attention dès les premières secondes. Ce n'est pas chose facile, nous jouons masqués ou le visage si plâtré qu'il faut grimacer à outrance pour exprimer un sentiment. J'apprends à utiliser mon corps. Madeleine se désole de ma démarche, elle trouve que je manque de tout ce qui suggère la grandeur. De mes défauts je fais des atouts. Rien qu'à me voir entrer en scène, le torse de biais, la tête penchée vers mon épaule, les spectateurs se frottent les mains. Ils ne savent rien de la comédie que nous allons leur donner, mais me regarder les dispose au plaisir. Ensuite j'applique les recettes des farceurs italiens assaisonnées des leçons de Dufresne, et je les entortille autour de mon petit doigt. Je ne me leurre pas sur moi-même. Je n'ai pas la moitié du talent de la Béjart. Mais je sens le public. Belles dames blasées, notables méfiants, paysans harassés de labeur et de misère, un regard me suffit pour deviner ce qu'ils attendent. Et quand je leur fais face, je le leur donne. Mes camarades saluent mon habileté. Petit à petit, sans que je demande rien, ils me poussent en avant. Je gagne en assurance. C'est moi qu'on envoie négocier avec les autorités notre passage dans les bourgades et les cités. C'est moi qui discute les taxes et qui parlemente avec les curés. C'est moi qu'on charge d'amuser les seigneurs, échevins et baillis dont la faveur nous met à couvert des frimas. Et c'est moi qui présente nos spectacles.

Je circonviens les princes, les notables, les gens d'Église. La brutalité ne m'effraie pas, je m'accommode des caprices comme des extravagances. Mâles, femelles, humbles, puissants m'inspirent une curiosité égale. Je les observe, je ne les juge pas. Quand l'amertume me monte aux lèvres, je me cuirasse et la boue glisse sur moi. Je ne prétends pas réformer l'humain, le distraire me suffit. Quand ils rient, quand ils rêvent, les fauves ne mordent pas. Quand ils m'applaudissent, les malheureux oublient d'avoir faim. Je me sens utile. Le bonheur que je trouve à jouer n'est pas complètement égoïste puisque, le temps d'une heure ou deux, il adoucit ce monde qui en a grand besoin.

Autour de nous le royaume saigne, mais nous en souffrons moins que d'autres. Avez-vous entendu parler de la Fronde ? Imaginez un lézard géant bardé d'épines qui s'agite en tous sens parce qu'il a mangé un champignon vénéneux. Le lézard est la France de 1648. Le poison germe sous les souliers rouges de Giulio Mazarini, successeur du cardinal de Richelieu dans la vindicte publique. Les parlementaires, les princes, les bourgeois et la multitude des mécontents se hérissent en convulsions contestataires. La contagion se répand comme une peste, Paris se boursoufle de barricades et la moitié du pays lève armée contre l'autre. Le jeune Louis XIV fuit la capitale en pleine nuit avec sa mère et son frère cadet. Le dieu vivant élevé dans l'or et les dentelles campe en hiver dans la paille, il souffre du froid et des puces. À douze ans il découvre que «*pour être roi on n'en est pas moins homme*», comme l'a écrit le Vieux. Le garçon a le tempérament secret, rancunier, obstiné. Il rumine sa rage et son chagrin. La guerre civile va durer cinq ans. Les familles les plus proches du trône vont travailler à le renverser. Louis n'oubliera pas. Il ne pardonnera jamais.

Quand plus tard je serai présenté à lui, c'est ce garçon-là que je séduirai. Celui qui aura eu peur et honte. Celui qui se rêvera tout-puissant parce qu'on l'aura humilié. Ce garçon-là voudra qu'on se prosterne à ses pieds. Il voudra devenir l'astre autour duquel gravitent les planètes. Mais tout autant que de gloire il aura besoin de rire, de jouir, de vivre. Nous serons deux à le comprendre. Le musicien Jean-Baptiste Lully et moi. C'est pourquoi il nous choisira.

On nous appellera ses «deux Baptiste».

Si le Vieux ne réduit pas en cendres ce qui reste de moi, je vous dirai ce bonheur et ce malheur-là aussi.

Pour l'heure mes compagnons et moi bambochons à la Grange aux Prés, près de Pézenas. Le domaine appartient au cousin de Sa Majesté, le prince de Conti. Un fanfaron de vingt-quatre ans qui s'est cru un foudre de guerre doublé d'un génie politique, mais qui n'a pas plus de tête qu'un marcassin. Son frère Condé et lui ont pris les armes contre Mazarin. Le prince de Condé a le cœur indomptable, il continue la lutte depuis la Flandre avec le soutien de l'Espagne. Battu et à court d'argent, son cadet a rendu son gouvernement de Bordeaux et s'est replié sur ses terres pour y mener débauche effrénée avec Mme de Calvimont, sa favorite, dont on se demande laquelle des deux est la plus surprenante, de sa beauté ou de sa bêtise. Certains d'entre vous pensent que je connais Louis-Armand de Conti depuis l'enfance, que nous avons usé nos chausses ensemble sur les bancs du collège de Clermont, que cette amitié m'a ouvert sa porte. Un élève de sang royal ne fraie pas avec un fils de tapissier, de surcroît Son Altesse est mon cadet de quatre ans, eussions-nous fréquenté Clermont au même moment qu'on nous eût placés dans des classes différentes. Quand notre troupe arrive à la Grange aux Prés, le prince ne voit en moi qu'un hochet. Mais ce hochet se révèle si habile à le distraire de sa déculottée guerrière qu'il nous installe à demeure. Notre troupe passe sous sa protection, la clique de libertins qui festoie sous ses lustres m'adopte, et notre goût commun pour les plaisirs suffit à ancrer ma faveur.

Mon tempérament me porte à la volupté, Madeleine vous l'a dit. Elle a même précisé : toutes les voluptés. Rien de plus vrai. Elle reste ma déesse, mais la vénérer ne m'empêche pas de m'agenouiller devant d'autres autels. À commencer par celui de nos nouvelles recrues. D'abord il y a Catherine, épouse De Brie. Ensuite il y a Marquise, épouse Du Parc. La première est une comédienne aussi douée que gracieuse, la seconde a des cuisses splendides qu'elle dévoile en dansant. Ces deux-là mettent du soleil dans le jour le plus gris. Et dans mon cœur quand ma tragédienne me boude parce que je m'enivre, quand un noceur vérolé me serre de trop près, ou quand je reçois une tomate au milieu d'une tirade gâchée par mon hoquet. Les maris ? Ils ne grognent que quand je manque de discrétion. Ils savent que je ne vais pas voler leur moitié, juste l'emprunter. Trois petits tours et puis s'en va, dans les geôles du Châtelet comme entre deux draps je ne fais que passer. Un moment chasse l'autre, un baiser compense une vexation. La lumière d'une peau, l'écho d'un soupir me tiennent lieu de richesse. Posséder m'indiffère, je suis un butineur.

Vous ai-je recommandé de prêter attention aux instants ?

Aux États de Montpellier nous donnons le *Ballet des Incompatibles* qui compte quinze entrées. Je danse avec Madeleine et avec Marquise. En harengère, puis en poète. Le public applaudit beaucoup la harengère. Mes camarades me préfèrent en poète et j'y vois bon augure. Profitant du long séjour à la Grange aux Prés, j'ai commencé d'écrire. Rien d'extraordinaire à cela, ceux de notre troupe mettent volontiers la main à la plume. Nous avons Pierre Réveillon qui rime en marchant. Nous avons Madeleine qui déniche des sujets et les dépoussière. Nous avons Joseph Béjart qui délaisse ses travaux de généalogie pour coudre ensemble les scènes tricotées par sa sœur. Nous avons D'Assoucy qui compose les parties chantées et la musique. Et de mon côté je brosse des canevas sur lesquels nous improvisons et je m'essaie à des pochades en prose. J'ai en tête quantité de situations cocasses, ma difficulté est de les agencer. Je veux faire rire parce que c'est ainsi qu'on gagne le cœur des gens, et en même temps offrir des rôles à Madeleine qui boude le gros comique. C'est Maître Pierre qui me met le pied à l'étrier. Pas directement, bien sûr, je ne l'ai pas revu depuis que nous avons pris la route. Mais son *Menteur* vient fixer mes idées et me montrer la voie.

Quoi, je suis donc un fourbe, un bizarre, un jaloux?

Ce vers n'a l'air de rien. Il contient pourtant la clef de mes succès futurs. Le caractère qui le dit se nomme Alcippe. Bien qu'il ne soit ni sot ni faible, la femme qu'il aime le mène par le bout du nez et son meilleur ami le roule dans la farine. Ses mésaventures ne sont pas ridicules en soi, elles vous divertissent parce que sous la caricature vous reconnaissez votre cousin, votre voisin, souvent même vos propres travers. Alcippe est plus à plaindre qu'à railler, pourtant vous admirez l'ingéniosité de celui qui le berne. C'est lui, le héros. Vous cautionnez sa cruauté. Vous aimeriez être aussi habile que lui. Les comédies du grand Corneille ont inventé le genre, mais le fonds de commerce appartient à la race humaine, je ne lèse personne en y puisant. Je tire deux petites pièces de ce modèle. Trois actes seulement, mais rimés, ce qui me donne quelques suées. Nous les jouons à Béziers et à Narbonne. Elles plaisent assez pour que Madeleine me pousse à creuser cette veine. Je n'ai pas la prétention de devenir un auteur de renom, encore moins de faire concurrence à Maître Pierre, mais il ne me déplaît pas de penser qu'en plus d'acteur, en plus de danseur, je puis être poète.

Mon nom est Pierre

Ce jeudi, le matin

Le Petit m'a rendu visite, il a mis une bouffée de douceur dans mon humeur chagrine. J'affectionne ce garçon. Il ressemble à un chevreuil, il en a l'attention frémissante et les longs cils. La grâce, aussi. Je comprends que Baptiste l'ait élu entre tous, d'ailleurs personne ne lui résiste. La grâce est un mystère. La beauté y prend peu de part, la science et l'artifice aucune. Voir le Petit fureter dans mon cabinet, feuilleter mes livres et se pencher par-dessus ma table pour me sourire me rappelle, s'il en était besoin, que Dieu est poète.

L'inventaire du domicile parisien de Baptiste ne se fera pas avant une semaine, peut-être deux. Celui de la maison de campagne qu'il louait à Auteuil viendra après, aucune date n'a été arrêtée. Le Petit me l'a annoncé en se chauffant les mains au-dessus de mes braises. Sa voix, dont je connais chaque inflexion, était trop neutre pour ne rien cacher. Je me demande ce que Baptiste lui a confié. Il est fin et il a joué *Psyché*. Cette comédie-ballet est la partie émergée de notre secret et, comme tous ceux qui nous côtoient, le Petit a deviné que les mots d'amour écrits pour la nymphe Psyché étaient les miens, adressés à Armande qui tenait le rôle-titre.

A-t-il compris le reste ?

Il prétend n'avoir jamais ouvert l'armoire aux manuscrits. Ce meuble occupe le fond du cabinet où notre Farceur faisait semblant de travailler, dedans rien n'est classé. Quand ils se présenteront rue de Richelieu, les huissiers chargés de dresser la liste des biens du défunt y découvriront les étapes successives du *Tartuffe*, celles du *Misanthrope* et de *Dom Juan*, plusieurs trames inspirées de l'Espagne et de l'Italie, des bouts de scènes écrites sur un coin de table, des recueils d'anecdotes achetés à bas prix. L'écriture du *Tartuffe* en trois actes est la mienne, celle d'*Amphytrion* aussi, *Le Misanthrope* et *Dom Juan* mélangent nos deux plumes.

Je crois être seul à savoir où Baptiste cachait la clef.

Toujours penché vers le feu, le Petit a demandé :

— Viendrez-vous bientôt voir Armande ?

— Comment est-elle ?

Il s'est retourné.

— Comme vous l'imaginez. Vous la connaissez mieux que moi.

Connaît-on véritablement une femme sans l'avoir jamais touchée ?

Il est passé derrière mon fauteuil et a jeté ses bras autour de mon cou. Personne d'autre que lui, pas même mes enfants, n'ose faire cela. Il est resté ainsi un moment, sa joue contre mon oreille. Il a murmuré :

— Elle m'a voulu dans son lit par caprice, vous le savez. Depuis, elle me hait.

J'ai pivoté sur ma chaise pour le regarder. Ses yeux étaient pleins de larmes.

J'aimerais savoir pleurer. J'entre en des sentiments qui ne sont pas croyables, j'en ai de violents, j'en ai de pitoyables, j'en ai même de bas et qui me font rougir, mais au dehors jamais rien ne paraît. Le monde est un chaos, son désordre excède tout ce qu'on y voudrait apporter de remède, et moi dont les jours les plus beaux font d'effroyables nuits, je ressemble à un marbre. Quand la vie me saigne, je ne gémis pas, je n'appelle pas à l'aide. Je m'abîme. Je descends profond, le plus profond possible en moi. Je remplis les tâches qui m'incombent, mais je ne suis plus là. Je cesse de désirer la renommée et la chair des femmes. Je borne mon univers à mon fauteuil, et je me contente d'être l'époux de Marie, le frère de Thomas, le père de mes enfants. Après la volée de critiques contre mon *Cid*, je me suis retiré ainsi pendant trois ans. Quand plus tard ma *Pertharite* a été retirée après une seule représentation, je me suis enfermé avec *L'Imitation de Jésus-Christ*, je me suis imposé d'en traduire les six mille vers du latin au français, et mon exil a duré sept ans pleins.

En sept années, j'aurais pu écrire sept tragédies et autant de comédies. Il m'arrive de le regretter. Mais à force de vieillir un auteur perd son rang, il me semblait préférable de prendre congé de moi-même avant qu'on me le donnât. De consacrer une part de mon génie à remercier mon Créateur. Et de m'effacer pour que mon cadet pût ouvrir ses ailes. Un jeune plant peine à croître dans l'ombre d'un chêne à la vaste ramure. Thomas aspirait à faire entendre sa voix, par mon silence j'ai tâché d'y contribuer. Mes détracteurs me croient affamé de gloire et d'argent seulement. Ils ne conçoivent pas que je puisse agir non par calcul ou par dépit, mais par tendresse. S'ils prêtaient plus d'attention aux caractères que je porte sur le théâtre, ils verraient que je ne suis pas seulement le poète de l'honneur et de l'intérêt politique, mais celui de l'amour. L'amour écartelé. Sacrifié. Sublimé. L'amour qui agenouille l'orgueil. Celui qui jusque dans la mort triomphe.

C'est ce chant-là que je veux faire entendre à ma Désirée.

L'amour explique tout, il justifie tout.

Le Petit le sait. Ma femme et mon frère aussi.

Thomas avait quatorze ans quand notre père est mort. Il a grandi sous mon aile, il s'est abreuvé à mon souffle. Je lui ai enseigné la métrique et la rime, nous avons lu ensemble les Anciens et critiqué ceux qui se prétendent modernes. Aristote dit que le propos du théâtre est d'offrir ces potions cathartiques qu'on nomme ménalogogues et qui, par le biais de l'admiration efficiente, purgent l'âme de sa mélancolie. J'ai montré à Thomas qu'on peut écrire des comédies qui donnent à réfléchir et des tragédies qui divertissent. Que pour permettre au spectateur de sortir l'esprit en repos, sans se poser de questions, il faut seulement que l'action ait un commencement, un milieu et une fin intelligibles. Pour le reste, loin de me rendre esclave des règles, j'avais coutume de les élargir ou resserrer selon le besoin qu'en avait mon sujet. Thomas m'a imité. J'ai guidé sa main, j'ai usé de mon crédit afin de le mettre en avant, mais son talent ne doit rien qu'à lui-même. *Aux âmes bien nées la valeur n'attend point le nombre des années*. Je suis fier de lui. Il est beau, il a le cœur pur et la plume féconde. S'il n'était mon frère, je le choisirais pour fils. Il me rend mon affection au centuple, et bien qu'il soit de presque vingt ans mon cadet, nous n'avons pas de secret l'un pour l'autre. Nous nous épaulons dans l'effort, nous faisons bourse commune, il nous arrive de roucouler pour la même belle et quand nos ardeurs s'essoufflent, nous en rions ensemble. Thomas ne me juge pas. Il connaît mes faiblesses et mes travers mieux que mon confesseur. Chaque fois que je descends aux enfers, il vient m'y chercher.

Pourtant, du coup que je prépare, je ne vais rien lui confier.

Il me traiterait de fou. Pour m'empêcher de mener à bien mon projet, il m'enfermerait. Il crierait que je vais nous ruiner, que je ne risque pas seulement ma réputation mais ma tête, qu'Armande ne m'en aimera pas mieux, comment puis-je croire qu'elle me pardonnera de la forcer à voir ce que depuis quinze ans elle choisit de ne pas regarder ?

Pendant quelques jours j'éviterai mon frère. Nous avons coutume de travailler dans mon cabinet deux ou trois matinées par semaine et nous nous retrouvons tous ensemble le dimanche, chez lui ou chez nous, au sortir de la messe. Ma famille est la seule société dont je ne me lasse pas. J'aime le chahut de mes enfants et de mes nièces, j'aime sentir leur vie s'ébattre autour de la mienne, la frictionner et par capillarité la nourrir. J'ai grandi ainsi, je ne conçois pas de vieillir autrement. S'il plaît au Ciel, c'est ainsi que je mourrai.

Je vais dire aux miens que mon héros Suréna me requiert, qu'il se montre trop jaloux pour m'autoriser d'autre compagnie que la sienne.

Je vais me claquemurer et ne penser qu'à l'amour.

Tout au long de ma vie j'ai professé qu'il ne faut point nourrir de passion qui ne nous cède.

Aujourd'hui, je suis moins arrogant.
L'amour est un grand maître,
Ce qu'on ne fut jamais,
Il nous enseigne à l'être.
Aimer ma Désirée m'a appris l'humilité.

Je suis la Désirée

Jeudi, le 23 de février

J'ai passé partie de la nuit dernière à réfléchir sur moi.

Tous comptes faits, je me trouve mieux armée que je ne le pensais pour la vie qui m'attend derrière ma porte close.

À trente ans je ne suis plus jeune, mais pas encore vieille. Madeleine s'est donnée à admirer jusqu'à sa dernière maladie, et, parce qu'elle l'a créée et s'y accroche comme une huître à son rocher, à bientôt cinquante-cinq ans Catherine De Brie continue de jouer la pucelle Agnès dans *L'École des femmes*. Je compte faire aussi bien.

J'ai des robes et des bijoux en quantité. Ma chambre est tendue de satin à fond vert bordé de satin blanc à fleurs aurore. Mon lit à lui seul a coûté deux mille livres, il a des pieds d'aiglon en bronze vert, un baldaquin garni de taffetas aurore et vert, quatre rideaux de brocart à fleurs et fond violet, et sur son pourtour une bordure avec frange d'or fin et de soie verte. J'ai également six fauteuils à figure de sphinx tapissés de satin, un lit de repos en bois doré, des devants de cheminée garnis de taffetas vert frangés d'or. Et deux beaux clavecins, un grand et un petit.

Je viens d'enterrer un époux prestigieux aux yeux de tous, mais si décevant en tête à tête que son absence ne me prive d'aucune joie. Sa mort me laisse maîtresse de moi, ce bien-là vaut plus que je n'ai perdu.

J'ai peu d'appétit pour la chair. Hormis celle du Petit, la fougue masculine ne m'a jamais inspiré que de l'ennui.

Sur quatre enfants mis au monde sans beaucoup d'émotion me reste Esprit-Madeleine qui ressemble à une grenouille. À sept ans, j'avais le caractère ferme. La nature de ma fille est une pâte molle, elle craint le bruit, les inconnus, l'orage et le noir qu'elle voit peuplé de grimaces. Au même âge Michel Baron, notre Petit, jouait déjà la comédie, et certains rejetons de nos camarades ont fait leurs débuts encore plus jeunes. Esprit-Madeleine se laisserait enterrer vive plutôt que de mettre un pied sur le théâtre. Elle n'a d'ailleurs aucune mémoire, sauf pour ses prières qu'elle récite à toute heure du jour et de la nuit. J'essaierai au moins de lui apprendre la musique.

J'aime pouvoir dire « mon ». Ma maison. Mes serviteurs. Mes partitions. Mes rôles.

Et maintenant : mon théâtre et ma troupe.

Nous sommes à ce jour douze comédiens. Baron, qui est le plus doué d'entre nous. La Grange, qui tient le rôle d'orateur depuis plus de dix ans et dont la fidélité ne s'est jamais démentie. Son épouse Marie Rageneau. L'excellent La Thorillière et le médiocre Hubert. Du Croisy. Les Beauval, mari et femme. Les De Brie, mari et femme. Ma tante Geneviève qui a peu de talent mais beaucoup de complaisance. Et moi, qui dorénavant pourrai choisir seule les caractères que je veux incarner.

Aux acteurs il faut ajouter le portier, le crieur, le guichetier, les placeuses, les hommes qui montent et déplacent les décors, ceux qui ont charge des lustres, plus les nombreuses petites mains sans qui notre théâtre ne pourrait fonctionner.

En tout une cinquantaine de personnes à nourrir au long de l'an, que nous jouions ou non.

Le roi nous a accordé le Palais-Royal sans partage, nous pouvons nous y produire les jours ordinaires et extraordinaires. Nous présentons les grandes pièces en cinq actes pendant les mois d'hiver, de septembre au relâche de Pâques. L'été est saison creuse, nous risquons peu de nouveautés, nous puisons dans le répertoire. Quand nous voyons qu'une tragédie peine à séduire le public, nous la soutenons par une petite comédie, souvent en prose, qui donne à rire plus qu'à penser.

Après chaque représentation nous partageons la recette nette. La Thorillière tient notre livre de caisse, les menues comme les grandes décisions qui touchent nos finances se prennent en assemblée. Les bonnes années, nous engrangeons chacun presque cinq mille livres, sans compter la pension versée par le roi. Les mauvaises années, autour de trois mille livres.

Baptiste jusqu'à sa mort recevait une part d'acteur pour lui-même et une pour moi, plus une part d'auteur, voire deux, pour les pièces qu'il signait. Ses revenus montaient souvent au-dessus de dix mille livres, auxquels s'ajoutaient les gains tirés de l'édition de ses œuvres. Il dépensait considérablement pour ses plaisirs, notre train domestique, ses habits de scène et de ville, et il prêtait volontiers à la troupe ou à ses amis. Il plaçait le surplus sur les conseils de Madeleine qui en affaires n'avait pas son pareil.

Aujourd'hui, je suis riche.

J'ai l'intention de le rester.

Ils m'appelaient le Petit

Maître Pierre loge rue d'Argentan, près de l'église Saint-Roch. Au sortir de chez lui, je suis allé à pied rue de Richelieu. La brave La Forêt, la servante qui a servi de modèle pour la Toinette du *Bourgeois gentilhomme*, m'a ouvert. Elle me connaît depuis que j'ai douze ans, elle m'appelle « notre Petit ». En me voyant elle a fondu en larmes. Elle s'est mouchée dans son tablier et m'a demandé si je voulais du bouillon, elle venait d'en préparer, le bouillon c'est bon pour l'hiver et pour le réconfort.

Je voulais voir Armande.

Madame était au lit, elle recevait aucune personne, sainte Vierge veillez sur elle.

J'ai insisté.

Madame avait dit surtout pas le Petit. Le Petit et Monsieur Corneille le Vieux. Le jeune Monsieur Corneille, Madame avait pas dit non, mais il était pas venu, Dieu en était témoin.

J'ai voulu monter chez Baptiste, j'avais laissé mes gants sur sa cheminée.

Madame avait cadenassé la porte, personne y pouvait entrer, Jésus Marie Joseph.

J'ai demandé si quelqu'un avait touché aux papiers.

Personne était entré dans le cabinet, Madame avait défendu. Avec tout ce sang, les rats y étaient sans doute, sainte Rita mère des désespérés protégez-nous.

La Forêt s'est signée trois fois. J'ai tenté un dernier effort, j'avais tant de souvenirs là-haut, ne pouvait-elle me laisser m'y recueillir juste un moment?

Fallait garder les souvenirs dans mon cœur, c'est là que Monsieur s'était toujours trouvé le mieux. Dans mon cœur et sur le théâtre, roi du Ciel ayez notre Petit en votre sainte garde.

La voix de la brave femme s'est enrouée et elle s'est remise à pleurer.

Je l'ai prise dans mes bras. Nous sommes restés ainsi un moment.

Après, je suis retourné au cimetière Saint-Joseph.

Pour vous je serai l'Accoucheuse

Au mois de janvier 1658 j'ai fêté mes quarante ans. À cet âge vos femmes vivent leur été. Chez nous l'automne prend ses couleurs et certains matins, après une nuit trop courte ou trop animée, je voyais l'hiver grimacer au coin de mon miroir. Les fards au mercure et les pommades au soufre n'arrangeaient pas mon teint, les viandes faisandées me ruinaient les entrailles, et malgré les frictions au sable mêlé de citron mes dents commençaient de jaunir. Je plaisais toujours, mais je ne m'aveuglais pas. Il était temps pour moi, donc pour nous tous, d'ouvrir un nouveau chapitre.

On vous a conté la révolte des princes et la mise à sac du royaume. C'en était fini de la joyeuse cocagne, à la table des puissants les cartes se rebattaient, le Mazarin rétabli en pleine puissance soufflait à son filleul : « Abaissez les Grands, sire, ou ils vous abaisseront » et le prince de Conti s'était converti à la dévotion la plus stricte. Ce débauché modèle qui mangeait des poulardes aux truffes le Vendredi saint portait maintenant cilice sous habit noir et n'avait plus à la bouche que les mots de péché et de rédemption. Son zèle à pourchasser les libertins n'avait d'égal que celui, dont nous nous souvenions avec force détails, qu'il mettait auparavant à caresser les femmes, à honorer la dive bouteille et à blasphémer. La comédie qui l'avait tant diverti lui était dorénavant odieuse et il nous avait fait défense de nous réclamer de son nom. Débaptisés sans avoir démérité, las de trimballer notre attirail et nos personnes d'une province à l'autre, nous avons décidé de rentrer au bercail.

Le pari était risqué, mais nous avions en manche plus d'atouts que lorsque l'Illustre Théâtre s'était lancé. Notre compagnie était stable et rompue aux épreuves. J'excellais dans le tragique, Baptiste dans le comique, mon frère Joseph jouait les confidents, et Louis, qui boitait d'un coup d'épée reçu en scène, faisait les infirmes ou les duègnes. La beauté de la De Brie excitait l'admiration, celle de la Du Parc le désir. Gros-René, le mari de Marquise, bouffonnait, et De Brie, qui avait une diction parfaite, jouait les héros tragiques et les bergers amoureux. Dufresne nous dirigeait toujours, mais maintenir l'année ronde quinze personnes unies et contentes le fatiguait. Il parlait d'acheter une maison à Argentan afin d'y prendre sa retraite. Baptiste tenait le rôle d'orateur depuis plusieurs années, il avait le sens du public et savait tempérer les conflits, si notre chef s'effaçait il le remplacerait sans que la troupe y perdît.

Et puis j'étais notre bon génie et je veillais au grain.

Pour nous relancer à Paris, il nous fallait un protecteur, une salle et des nouveautés. Je me suis mise en chasse. Fidèle à ce que vous savez de moi, j'avais pendant nos tribulations engrangé assez de bonnes pièces d'or pour me permettre un coup d'audace. Les désordres de la Fronde avaient ruiné la troupe du Marais qui était partie chercher meilleure fortune aux champs. J'ai loué leur théâtre. En mon nom propre, sans caution. Le Marais, là où le célèbre Floridor, qui maintenant dirigeait l'Hôtel de Bourgogne, avait créé les plus grands succès de Maître Pierre. Je n'étais pas peu fière. La salle rebâtie à neuf était splendide, j'ai acheté un lot de décors et annoncé à mes camarades que nous avions l'écrin. Pour les textes, je nourrissais un plan ingénieux, un quitte ou double qui pouvait nous propulser vers les étoiles.

Nous avons quitté Lyon où rien ne nous retenait, mis le cap sur Rouen et repris nos quartiers au jeu de paume des Braques. À quelques enjambées de la rue de la Pie où le grand et le petit Corneille vivaient dans une intimité et une entente parfaites. Maître Pierre, disait-on, s'amollissait. Il se confinait en bondieuseries littéraires, il avait tourné le dos au théâtre. De son côté Thomas venait avec un splendide *Timocrate* de remporter un triomphe comparable à celui du *Cid.* Je n'avais pas vu cette tragédie, mais ce qui s'en disait me donnait à penser que l'aîné avait prêté un coup de plume au cadet.

Baptiste et moi avions créé en province deux bagatelles qui avaient été bien accueillies. Nous en avions puisé le meilleur chez des auteurs italiens assez morts pour ne pas nous reprocher de les avoir plagiés. Notre *Étourdi* et notre *Dépit amoureux* ne brillaient pas par le style et nous ne pouvions les faire passer pour nouvelles à Paris sans les remodeler. Je me suis présentée rue de la Pie avec sous mon bras gauche ces comédies, et sous le droit Marquise

Du Parc. La drôlesse manquait de conversation, mais ses seins magnifiés par le corset tenaient un langage que le grand Corneille a trouvé délectable. Pour lui plaire il s'est déclaré prêt à enfiler sa haute carcasse par le chas d'une aiguille et tout disposé à raccommoder notre ouvrage. Il s'est même prêté au jeu de si bonne grâce qu'au sortir de ses mains nos textes crépitaient d'une verve dont Baptiste est resté bouche bée. Maître Pierre a courtisé Marquise avec un bel allant, mais il avait trop d'orgueil pour bramer longtemps aux genoux d'une actrice. Trop de voracité, surtout. Le poète bardé d'alexandrins chrétiens se moquait des soupirs et des battements de cils, il voulait un corps nu contre le sien. Il cachait sa voracité sous des façons de chattemite, mais vous le savez, les hommes ne me trompent pas. Voyant son appétit démasqué, il m'a regardée différemment. Dans ses prunelles une petite flamme souriait. Je lui ai souri en retour.

L'amitié née de la complicité réjouit le cœur plus durablement que l'amour. Elle peut aussi servir de chausse-pied.

Philippe d'Orléans, cadet du roi, avait dix-huit ans. Court de taille, noiraud, gourmand, capricieux, l'esprit agile et le cœur bon, porté à la joie et aux mœurs italiennes. On chuchotait que Mazarin n'était pas étranger à ses penchants, que pour le circonvenir il lui avait dès l'âge tendre donné le goût des garçons. Philippe les aimait grands et vigoureux. Il se déguisait en femme et se faisait donner dans le cul au bal masqué. Le roi n'en ignorait rien et collait des espions derrière les tentures. Le petit Monsieur chérissait sincèrement son frère qui ne se souciait pas de lui rendre la pareille, mais plutôt de l'enfermer dans une cage dorée afin que jamais il ne contestât son pouvoir. Philippe était curieux, touche-à-tout, doué pour l'étude et pour les armes. Une vivacité pareille a besoin de hochets. Le roi venait de lui acheter le domaine de Saint-Cloud. Le bâti était beau, les jardins splendides, Philippe s'amuserait à aménager son château et y donnerait des fêtes en l'honneur de son aîné. Qui dit fêtes dit théâtre. Son Altesse Royale n'avait pas de troupe attitrée, il lui en fallait une. Son nouvel aumônier, autrefois familier de mon cher Modène, nous avait connus à la Grange aux Prés, à la table du prince de Conti point encore converti au pain dur et à l'eau. Il lui a vanté notre talent et la beauté de nos actrices. Nous n'avions pas encore quitté Rouen pour prendre possession du Marais que, sans nous avoir jamais vu jouer, Louis XIV nous intronisait « troupe de Monsieur, Frère Unique du Roi », et nous offrait le théâtre du Petit-Bourbon à partager avec les Farceurs italiens, mais sans loyer à payer.

Rodrigue qui l'eût cru ?

Chimène qui l'eût dit ?

Maître Pierre m'a assurée qu'il avait intrigué auprès de personnes d'importance afin que cet incroyable honneur nous échût. En réécrivant nos petites comédies il nous avait en outre offert deux bijoux assez finement ciselés pour séduire le public parisien. Ses bontés, pensais-je, se borneraient là.

Sur ce point comme sur beaucoup d'autres, je me trompais.

Je suis l'Intouchable

Imaginez une belle poule. C'est la plus grasse de ma basse-cour, elle picore sagement et pond son œuf à heure fixe. Vous me congratulez de posséder pareille volaille, mais vous vous lassez tôt de l'admirer. Faites poursuivre ma poule par votre cuisinière, semez des embûches sous les sabots de la bonne femme, soufflez au volatile vingt ruses pour s'échapper, vous ne sentirez pas le temps passer et quand la gallinacée sera embrochée ou la cuisinière vaincue, vous en redemanderez. La poésie est une chose admirable. Surtout celle du Vieux, j'en conviens. Mais sans la bouche qui dit les vers, sans le geste qui les soutient, elle ne branle pas plus que moi au fond de ma boîte. Une comédie ne s'enferme pas dans un livre, sans quoi au lieu de vous presser à nos guichets vous resteriez au coin du feu avec mes œuvres imprimées. Le théâtre est une matière vivante. Qui pleure de vraies larmes, qui désire roidement les donzelles, qui a faim et peur, qui saigne et qui pisse. Mais oui. Au petit Monsieur, aux seigneurs, aux bourgeois, au peuple de Paris, je ne veux pas seulement donner des alexandrins à admirer, mais la poule et la cuisinière dans tous leurs états.

Le dos aussi rond que si je cueillais des pâquerettes, je me présente au cadet du roi pour lui faire agréer mes services et ceux de mes camarades. Je le rencontre pour la première fois. Il porte du rouge aux joues, des bagues à tous les doigts, des rubans dans ses boucles parfumées et des mouches comme une vieille coquette. Tout en m'expliquant les merveilles qu'il attend de sa nouvelle troupe, il me lorgne par-dessous. Je devine qu'il se demande si c'est moi qu'il a croisé sous le Pont-Neuf, peu vêtu et fort occupé à des bougreries passibles du bûcher. Je me garde de le détromper. Je vante nos succès passés et les créations dont il aura la primeur. Ses yeux noirs brillent de convoitise. Des nouveautés ? Écrites pour lui ? Par moi ?

Assurément, Votre Altesse.

Je pourrais soutenir la légende selon laquelle, dès notre première représentation dans la salle des Gardes du Louvre illuminée, devant mère, frère, ministres et dames ébahis, le roi nous accorde sa faveur en récompense du plaisir sans pareil que je lui donne. La réalité est moins féerique. C'est la mi-novembre 1658, il pleut sur Paris, nous ouvrons notre nouvelle salle avec quelques tragédies choisies par Madeleine plus nos nouveautés, *La Gazette* qui fait le beau temps même sous l'averse ne nous consacre pas une ligne, et j'ai beau battre le pavé mouillé, le public tarde à nous aduler. Heureusement, après six mois sans fanfare ni trompette, le marquis de La Meilleraye, grand maître de l'artillerie, nous invite dans son château de Chilly. Il s'agit de divertir le roi. Quand je suis parti en province avec mes camarades, Louis XIV avait six ans. Il en a maintenant vingt et il captive tous les regards. L'aîné du très féminin petit Monsieur est un somptueux exemplaire de jeune mâle, musclé par la chasse, gainé par la danse. Le poil est couleur de marron d'Inde, les yeux entre gris et brun, le teint plus olivâtre que blanc, le front haut, le nez fort, les joues plates, les lèvres aussi gourmandes que les miennes sous une fine moustache que le souverain admire dans les miroirs. Il est plus grand que son frère, il a le torse large, la jambe belle. Son port est si majestueux que, sans parler ni bouger, il impose le respect. Je me demande comment il fait cela. À quoi tient qu'au premier coup d'œil on devine qu'il est roi. C'est à cet étonnant jeune homme qu'il nous faut plaire. L'enjeu est de taille, mais il ne m'affole pas. Je sais divertir les puissants et Sa Majesté n'est que le plus puissant des puissants de son royaume. Charles Dufresne s'est retiré dans sa ville natale, et même si certains disent « la troupe de la Béjart », c'est moi qu'on écoute quand il s'agit de transformer une opportunité en succès. Je propose de jouer *Le Dépit amoureux* que le grand Corneille a bien voulu saupoudrer de magie. Il y a là-dedans une fille déguisée en garçon, des quiproquos et assez de romance pour séduire un jeune prince. Je convaincs mes camarades et fais d'une pierre trois coups : le roi applaudit notre bagatelle, le marquis rétribue généreusement ce succès, et dix jours plus tard nous voilà invités au Louvre. Une fois, deux fois, cinq fois en un mois, nous jouons pour Louis XIV. Je remarque qu'il écoute les tragédies avec le masque grave qu'il plaque sur ses traits dès qu'il est en public, mais que sa physionomie s'éclaire au premier mot de nos petites comédies.

J'y vois un signe. Après *L'Étourdi* où un blondin fait échouer toutes les ruses que son valet invente pour lui acquérir sa bien-aimée, je risque *Gros-René* et *Le Médecin volant* qui sont des pochades de mon cru. Les poursuites, les clystères et les coups de bâton font rire notre monarque comme s'il avait dix ans. Je jubile : le roi de France aime la farce ! Madeleine hausse les épaules : « Ne parie pas sur ce goût-là. Il l'étouffera, tout comme il étouffera son amour de jeunesse pour convoler avec la fille du roi d'Espagne. » Ma Béjart a la science supérieure et universelle. Je baise l'ourlet de sa jupe et je me tais. Je ne suis encore que le premier acteur de la troupe du Petit-Bourbon. Comme mes compagnons, j'appartiens à Philippe d'Orléans. Mais le roi nous a remarqués, et je ne veux plus seulement la lune, je veux le soleil. Je veux Louis. J'annonce à Madeleine que j'envisage de m'éprendre de notre souverain. Je bouffonne, mais sous mon rire elle entend que je ne plaisante qu'à demi. Elle m'embrasse avec la tendresse plus maternelle que fougueuse qu'elle a maintenant pour moi. Elle me dit : « Faisons en sorte que Sa Majesté t'aime en retour. Et en attendant, conquérons Paris. »

Nous nous partageons la tâche. Il faut qu'à la promenade, à table, au lit, chez le baigneur et l'apothicaire, sous les mains du coiffeur, de la modiste, du médecin, du cordonnier, en achetant de la viande, des épingles ou des perles, on parle de nous. J'enchaîne les visites, quatre, cinq, six dans la même journée. Je m'attarde juste assez pour attiser la curiosité, et à ceux ou celles qui demandent : « Quand vous reverrons-nous ? », je réponds avec une pirouette : « Au théâtre ! » De son côté Madeleine reprend pied dans les cercles où ses charmes font toujours merveille. Le piquant de sa conversation n'a pas pris une ride, elle est fêtée comme au temps de sa splendeur. Les messieurs se pressent autour d'elle, les jeunes filles copient sa coiffure et sa démarche. Elle raconte nos années en province, et le contraste entre son port, son ton de voix, et l'idée que son élégant auditoire se fait d'une comédienne ambulante achève de lui attacher les cœurs. À la ville comme à la scène, Madeleine est une impératrice. Je l'admire avec une ferveur inchangée. Je vois sur son cou et ses joues les outrages que le blanc de céruse et le rouge d'Espagne ne parviennent pas à cacher, mais je l'aime comme elle est. Elle aussi me voit et m'aime tel que je suis. Elle se doute que je ne passe pas les nuits que je lui vole dans les bras de Catherine, de Marquise ou de la délicieuse fille de Dufresne. Paris est le plus grand bordel de France et je résiste mal aux tentations. Il en est de si envoûtantes que la police royale se laisse corrompre, et des coins secrets où les agents alpaguent des noceurs d'assez haut rang pour être attendus le lendemain au lever du roi. Les étuves et les cabarets de tabac ont des cabinets particuliers prostitués à toutes sortes de dissolutions. Ce qui ne s'échange pas se vend, et le commerce des pucelles, des éphèbes, des petits garçons ne manque jamais de clients. J'aime trop la liberté, celle d'autrui comme la mienne, pour monnayer mes plaisirs. Je prends ce qui se donne, et je me prête sans chercher plus que la beauté d'un frisson. Je reviens de ces voyages le corps rompu et la tête aussi vide qu'après une journée à cheval sous le mistral. Madeleine ne me questionne jamais. Elle me prépare un cordial et elle annonce à nos camarades que j'ai trop fumé et trop bu, qu'après une friction au vinaigre je serai à nouveau gaillard. Il m'arrive de m'oublier au fond d'une taverne ou de m'attarder dans une alcôve, mais dussé-je me fouetter pour reprendre mes esprits, je suis à l'heure aux répétitions et je connais mon texte. Madeleine et moi avons un accord : nos engouements, nos vices, nos chagrins passent après le théâtre. Ce pacte nous tient l'un à l'autre plus solidement que si nous étions mariés. Nous ne vivons pas pour nous-mêmes, ni non plus l'un pour l'autre, mais pour la scène. Nous sommes ses serviteurs, les vestales de son temple. Sur ses autels tout sacrifice devient une joie, toute compromission, un honneur, tout larcin, un bienfait.

Et nos mensonges, des vérités.

Comprenez-vous cet amour-là ?

Je suis la Désirée

Jeudi, le 23 de février, dans mon lit

Le vent et la pluie battent les fenêtres de ma chambre, je ne parviens pas à m'endormir. Je me redresse sur mes oreillers. Si c'était Baptiste, ranimé par la tempête, qui frappait au carreau ?

J'allume une seconde bougie.

Je bois un verre d'eau de fleur d'oranger.

Je prends mon miroir, je regarde si le deuil nuit à mon teint.

Je ne suis pas une beauté. J'ai la bouche trop grande, le nez un peu lourd, les yeux petits, les cheveux difficiles à coiffer. Je manque d'éclat, et même de présence. Quand je me promène, si je ne fais pas en sorte d'être remarquée et si personne ne reconnaît Armande, fille de la merveilleuse Béjart et épouse de l'inimitable Molière, je passe inaperçue.

Mais j'ai du caractère.

Quand j'ai quitté le couvent où j'avais grandi, la supérieure m'a dit : « Mettez votre force au service du Ciel. »

Je rends grâces à Dieu. Mais c'est moi que je sers.

Je suis une lame d'acier blanc. Je ne plie pas.

Quand je veux quelque chose ou quelqu'un, je ne relâche jamais mon effort avant d'être parvenue à mes fins.

Je ne montre de moi que ce qui peut servir mes desseins.

J'apprends vite.

Quand j'ai rejoint celle que j'appelais Marraine, je n'avais pour tout bien que deux robes trop étroites, des souliers de campagne, mon toucher au clavecin et une fraîcheur de vierge innocente au point de penser que les enfants se font par l'oreille.

À Paris, la vie m'a sauté au cou.

D'abord Madeleine m'a rhabillée de pied en cap. À sa mine j'ai vu qu'elle ne me trouvait pas jolie et que cela lui déplaisait. Ensuite elle m'a assise sur son lit, elle a pris ma main et elle m'a raconté une histoire où il était question d'une fille rousse amoureuse, d'un gentilhomme parti guerroyer, d'un père mort avant terme, d'une grossesse de treize mois et de ce qui à cette époque semblait le meilleur pour tout le monde.

J'ai profité de ce qu'elle reprenait son souffle pour l'interrompre.

— Vous essayez de m'avouer que vous n'êtes pas ma sœur, mais ma mère.

Elle a ri.

— Tu es plus avisée que tu n'en as l'air.

Je joue souvent la sotte. Cacher sa vraie nature donne une longueur d'avance sur autrui. J'ai répondu :

— Ce n'est pas mon esprit qui me l'a soufflé, mais la tendresse que je vous porte.

Je mentais, bien sûr.

Dans son secrétaire j'avais trouvé un paquet de lettres nouées de faveurs aux couleurs différentes. La plupart étaient signées par des hommes et leur vocabulaire m'avait mis le feu aux joues. Celles d'un comte de Modène parlaient de cul, de con, de fontaine bienheureuse et de touffeurs salées. Elles réfutaient la paternité d'un nouveau-né, trouvaient le prénom d'Armande agréable et proposaient une recommandation pour la mère supérieure du couvent où j'avais grandi.

Madeleine m'a caressé la joue comme elle le faisait quand j'avais cinq ans.

— Tu n'es pas fâchée ?

J'ai glissé à ses genoux et j'ai caché mon visage dans sa jupe. Elle a passé ses doigts dans mes cheveux. Je n'éprouvais ni joie ni déplaisir, je me demandais comment tirer profit de la situation. Elle jouait avec mes boucles comme avec les rubans de son petit chien. Elle a dit :

— Voyons maintenant ce que nous allons faire de toi.

J'ai relevé la tête et j'ai répondu que je lui appartenais corps et âme, que de cet instant jusqu'à mon heure dernière elle pourrait disposer de ma personne comme bon lui semblerait.

Je n'en pensais pas un mot.

Je désirais leur vie et aucune autre. Celle de la troupe. Pas monter sur le théâtre, l'idée de me produire devant des inconnus me donnait la chair de poule. Juste vivre avec eux, comme eux. Je voulais les rires et les disputes, les bousculades et les siestes au milieu des décors, la lecture des textes jusqu'à l'aube, la fièvre d'avant les spectacles. Je voulais les repas en commun et la recette partagée. Je voulais l'exigence et la confiance. Cette impression qu'ils donnaient d'être un grand corps qu'une même ferveur tenait assemblé. Je voulais qu'ils m'adoptassent.

J'ai résolu de les apprivoiser un par un. D'abord Madeleine qui ne savait pas plus être mère que je ne savais être fille.

Ensuite Baptiste, que les autres appelaient Molière et qui courait partout du matin au soir.

Enfin ceux de la troupe, les auteurs, les amis qui gravitaient autour d'elle.

Parce qu'il me regardait avec bonté, j'ai commencé par Pierre Corneille.

Mon nom est Pierre

Jeudi soir, au coin de mon feu

Je peinais à me figurer pourquoi les femmes cédaient aux avances de Baptiste. Il mignotait la Du Parc et la De Brie en public, et les effrontées riaient comme si orner de cornes le fronton du logis conjugal eût été la pratique la plus bénigne du monde. J'aurais sacrifié mes chandeliers d'argent et même ma pelisse fourrée pour caresser ces épaules rondes et ces jolis petons. Il avait certes quinze ans de moins que moi, le teint fleuri et un entrain contagieux, mais je le trouvais épais de toutes les manières, et cette habitude qu'il avait de sauter au col des gens qu'il admirait me semblait si exagérée que l'envie me démangeait d'en tirer un pastiche. Il m'irritait au point que l'apercevoir dans la rue de l'Horloge suffisait à me jeter sous un porche pour attendre à couvert qu'il eût quitté la place. En un mot, je ne l'aimais point du tout.

C'est la Béjart qui nous a associés. Elle l'a amené chez moi, à Rouen, et elle m'a dit :

— Donnez-lui un de vos règlements de compte, quelque chose de bien méchant, je suis sûre que vous en cachez quantité au fond de vos tiroirs. Vous verrez ce qu'il en fera.

Je grattais souvent la cicatrice d'une blessure que dans un salon parisien un aréopage de dames illustres m'avait infligée. C'était vingt ans plus tôt, elles étaient sept assises autour de moi, frisées au fer rond, le teint plâtré, à caqueter, à jouer de l'éventail, à caresser leur bichon et à lamper des sorbets en se plaignant que les cuillères dorées fussent trop lourdes pour leurs doigts délicats. Je venais de leur lire mon *Polyeucte*. Cet exercice est la meilleure façon de tester une pièce avant que de la confier à une troupe, mais j'y suis rarement à mon avantage. Le timbre de ma voix me dessert, et pour cacher l'émotion que mon texte me donne, je mange les mots. *Polyeucte* est l'histoire d'un martyr. Il fracasse les statues des idoles païennes, il préfère la mort à l'amour de sa femme et son supplice convertit ses proches à la cause chrétienne. Je m'étais attendu à ce que mon audience tirât son mouchoir. Au lieu de cela, la maîtresse des lieux m'avait applaudi d'une seule main : « Cher Maître, ne vous découragez pas. Vous restez malgré tout l'auteur du *Cid.* » La pique m'avait transpercé, j'en avais saigné pendant des mois. Ne pouvant arracher la langue de mon hôtesse, ni davantage la jeter nue dans une fosse grouillante de serpents, ni non plus lui communiquer la vérole ou quelque autre maladie qui la défigurât avant de la tuer par une lente agonie, j'avais assassiné sur le papier ces dindes titrées qui depuis leur ruelle toisaient l'univers, et qui sans avoir écrit mieux que des billets doux prétendaient juger le talent des poètes. Sur les modèles vivants j'avais greffé des postiches grotesques, et à partir de la langue fleurie qu'on cultivait dans leurs hôtels j'avais inventé un idiome entortillé qui les faisait paraître aussi sottes que ridicules. Cette vengeance en trois petits actes m'avait calmé assez pour que je n'en cherchasse pas d'autre. Elle dormait dans le secret de mon cabinet, personne ne l'avait lue. J'en ai choisi les meilleurs feuillets et je les ai tendus à Baptiste. Il a pris un moment pour les déchiffrer, il les a reposés sur ma table et il nous a invités à prendre un siège. Puis là, il a joué non seulement le texte qu'il avait en trois minutes mémorisé, mais le pire de ce que j'avais voulu mettre dans ma salve meurtrière sans véritablement l'oser. Incarnées par lui, les pécores qui m'avaient humilié renaissaient boursouflées comme dans ces glaces déformantes qu'on appelle sorcières. C'étaient elles telles qu'en mon souvenir, et en même temps des types originaux dont on pouvait prétendre qu'ils ne devaient rien qu'à l'imagination. L'effet était prodigieusement comique. Exemplairement cruel. Madeleine m'a tapoté la main.

— Alors ?

Alors nous avons conclu un arrangement dont je ne soupçonnais pas que ses suites changeraient notre vie, et nous avons ciré à neuf ce vieux soulier afin d'en chausser la troupe du Petit-Bourbon. Avec Modène qui était largement son aîné, la Béjart avait en sa jeunesse fréquenté les hauts lieux de la préciosité parisienne. Depuis lors les élégantes avaient perdu pouvoir de décréter ce qu'il était de bon ton de faire, dire, penser, écrire, et Baptiste n'avait jamais entendu parler de *la rivière de Confidence*, du *fief de Feux-Cachés* ni du *lac d'Abandon* où les amants de mon temps voyageaient vers des plaisirs d'autant plus désirables que toujours différés. Je lui ai prêté la *Carte du Tendre* qui imposait aux soupirants cent détours avant le premier baiser, et les *Lois de la Galanterie* où mon compère Charles Sorel parodiait les us et coutume du beau monde. Ces ouvrages dataient du règne de Louis XIII et de mes premières tragédies. Je lui ai conseillé de s'en inspirer pour ses mimiques, et je suis retourné à *La Conquête de la Toison d'or* qui devait consacrer mon retour à la scène.

Comment expliquer à une Désirée de trente ans ce que c'est que renaître de ses propres cendres ? Du printemps de 1651 à ce printemps 1658 où Madeleine et Baptiste revinrent à Rouen, j'avais passé deux mille cinq cents journées penché sur la traduction d'un texte pieux. J'avais espéré qu'à force de discipline mes faims et mes dépits perdraient pouvoir sur moi, et que la publication de mon *Imitation de Jésus-Christ* en français rapporterait de quoi assurer une honnête aisance à Marie et à nos enfants. À défaut de plaisir, j'avais puisé dans ma claustration volontaire la fierté de qui dompte ses passions. J'affichais un contentement de moine dévoué à ses études, et je me racontais que tourner le dos au monde profite à l'écriture. Mais la foulée d'un géant réclame de vastes territoires et je bornais mon effort à un seul ouvrage. Si saint, si universel fût-il, je m'y sentais à l'étroit. Pour ne pas étouffer je reprenais des ébauches abandonnées, je relisais les auteurs espagnols et les pièces de mes pairs, je piochais un caractère chez mon ami l'abbé de Pure, une scène chez le facétieux Scarron, je brodais des variations sur le mensonge et la jalousie, la sujétion des femmes, le despotisme des hommes, le pouvoir de l'argent. Ces récréations rendaient ma retraite supportable. Mais, sans vouloir me l'avouer, j'attendais que quelque nouveau dessein me ramenât du côté des vivants.

Nicolas Fouquet me l'offrit sur un plateau de vermeil. Le surintendant des Finances du jeune Louis XIV avait tout pour me plaire. D'abord il me considérait toujours comme le plus grand tragédien vivant. Ensuite il estimait mon frère cadet presque autant que moi. Enfin il était de ces hommes vifs comme le mercure, à l'intelligence protéiforme, à l'énergie inépuisable, à l'entregent tentaculaire, dont l'industrie ne connaît pas de bornes. Sa bibliothèque comptait vingt-sept mille volumes et ses cabinets de curiosité passaient pour les plus beaux d'Europe. Épicurien, affable, généreux, d'une curiosité insatiable, toujours en mouvement, il sautait d'un projet démesuré à un plus ambitieux encore. Le blason de sa famille portait un écureuil, et sa devise le résumait : « *Quo non ascendet – Jusqu'où ne monte-t-il pas* ? » Ses acrobaties financières avaient rempli ses coffres mieux que ceux de l'État, il avait un don rare pour repérer le talent et l'expérience l'inclinait à penser qu'il n'est rien ici-bas que l'argent ne puisse acheter. Il nous invita, Thomas et moi, dans son château de Vaux-le-Vicomte. J'avais mes habitudes au Louvre, et l'hôtel parisien du duc de Guise où je logeais pendant mes séjours parisiens était d'une grande richesse, mais je n'avais encore rien vu de si fastueux que ces plafonds peints par le jeune Le Brun, ces balustres dorés à la feuille, ces fontaines et ces marbres semés dans les parterres dessinés par le jardinier Le Nôtre avec une symétrie qui reflétait l'ordre du paradis. Éblouis, Thomas et moi ne savions où poser les yeux. C'était un vendredi, jour maigre. On nous servit des soufflés aux écrevisses, des truites en aspic, des cassolettes de homard, des soles à la normande, des quenelles de brochet, du loup en croûte, des tourtes au thon, de la morue au lait, des œufs d'esturgeon, de la gelée d'huîtres, des crabes farcis, du pâté d'anguille. Je crains les nourritures riches, je me contentai d'une sole. Le surintendant nous accabla de compliments et nous offrit d'entrer à son service. Moyennant deux mille livres annuelles de pension pour moi, et mille pour Thomas. Il entendait nous commander à chacun une grande tragédie sur le sujet de notre choix, à faire représenter par la troupe que nous jugerions la mieux digne de servir nos vers. L'offre était trop tentante pour être refusée. Je remisai la plume avec laquelle j'avais de mon mieux honoré le Christ, et je taillai à neuf celle qui avait fait la gloire de mon Cid. En deux mois j'écrivis les cinq actes d'*Œdipe*, puis dans la foulée je mis en chantier *La Conquête de la Toison d'or* à la demande du marquis de Sourdéac. Celui-là était un original de la plus truculente espèce qui pour se donner de l'exercice se faisait chasser à courre par ses paysans. Passionné de mécanique et de serrurerie, il avait construit dans son hôtel particulier un théâtre équipé de machines capables de faire surgir une montagne, voguer une galère, s'ouvrir les enfers ou voler le char du soleil. Pour fêter Louis XIV qui s'en revenait du Midi où s'étaient célébrées ses noces avec sa cousine Marie-Thérèse, l'infante d'Espagne, il invita dans son château de Neubourg cinq cents personnes qu'il mit un point d'honneur à loger, nourrir et divertir pendant trois jours. *La Toison d'or* plut, d'une seule voix ceux qui la virent saluèrent l'assemblage de force et de clarté qu'à l'envi me prêtent l'Art et la Nature. Remisant aux oubliettes les résolutions d'humilité et de continence adoptées pendant ma pieuse retraite, je bouillonnais d'une ardeur aussi puissante, aussi audacieuse qu'à trente ans. On ne pouvait me saigner le cerveau. Me dédoubler m'apparut comme le meilleur remède à la turbulence de mon génie.

Au Nouvel An 1660, alors que j'avais travaillé très avant dans la nuit, je trouvai Marie assise dans notre lit, l'œil sévère et un manuscrit sur les genoux.

— Pierre, qu'est ceci?

Ceci était une bagatelle composée par le moi dédoublé. Le thème du cocuage n'avait rien d'original, mais le brave bourgeois que de fausses apparences jetaient dans une jalousie échevelée offrait un mélange de burlesque et de vérité humaine assez nouveau. J'avais appelé mon bonhomme Sganarelle, de l'italien *sganarre,* tromper, en l'occurrence non parce que sa femme lui fleurissait le front, mais parce qu'il se leurrait lui-même. Et qu'avec lui je comptais duper tous ceux qui viendraient l'applaudir.

D'un air détaché et sans la regarder, je répondis :

— C'est l'histoire d'un cocu imaginaire. Une comédie que la troupe du Petit-Bourbon va mettre à l'affiche.

— Sous le nom de Molière.

— Comment le savez-vous ?

— Il bat tambour pour l'annoncer, l'écho en arrive jusqu'à Rouen.

— Il y jouera à visage découvert, pas même un demi-masque, et comme il est excellent mime…

— Me prenez-vous pour une sotte ? Croyez-vous que je ne sache pas reconnaître votre plume ?

— Je vous crois fort avisée, sans quoi je ne vous aurais pas épousée…

— Ce n'est pas tout.

J'ai soupiré :

— Quoi d'autre ?

— Baptiste lit chez des particuliers un *Dom Garcie de Navarre* qui emprunte des passages entiers au *Don Sanche d'Aragon* que vous avez écrit il y a dix ans. Il le présente également comme sien.

— Vraiment ?

— Je doute qu'il ait le front de vous voler vos vers.

— Peut-être est-il plus insolent que vous ne le pensez.

— Et Madeleine Béjart cautionnerait ses pratiques ?

— Si leur succès en dépendait, je les crois l'un et l'autre capables de sournoiserie.

— Mais vous ne vous en fâchez pas ? Vous si jaloux de votre œuvre ?

— Marie, je voudrais bien me coucher…

— Pierre.

Elle avait cette mine qu'elle prend quand je reluque les hanches de la voisine.

— Travailles-tu en sous-main pour la troupe du Petit-Bourbon ?

À quoi bon lui cacher ce dont je ne tirais aucune honte ? J'ai abdiqué.

— Je les aide un peu. Je crois n'avoir pas mon pareil pour la peinture de caractères…

— Leurs *Précieuses ridicules* qui ont fait tant de bruit venaient de toi ?

— Le jeu de Baptiste autant que le texte a séduit le public.

— Et cette *École des maris* dont tu caches les feuillets au milieu de ceux de ta *Toison d'or* ?

— Avant de t'épouser j'écrivais déjà des comédies qui donnent à penser…

— Quand as-tu décidé de retourner à tes premières amours ?

— Rien n'était prémédité, un pas en a appelé un autre.

— Tu leur vends ces textes ?

Elle avait haussé le ton, ce qui ne lui arrive jamais. J'ai répondu le plus doucement du monde :

— Je subviens aux besoins de notre famille, quel mal y a-t-il à cela ?

— On te reprochera de prostituer ton talent.

— On me reprocherait. Si la chose s'ébruitait.

— Qui est au courant ?

— Madeleine, Baptiste, et maintenant toi.

— Thomas ?

— Pas encore.

— Ceux de la troupe ?

— Ils approuvent les pièces que Baptiste leur soumet et ils ne regardent pas plus loin.

— Ta poésie est inimitable. On reconnaîtra tes rimes, ta musique.

— Au pire on accusera Molière de m'avoir pillé, l'affaire fera un peu d'écume et elle passera avec la marée.

— Tu ne crains pas de te faire concurrence à toi-même ?

— Depuis quinze ans je ne donne plus que des tragédies. Le *Dom Garcie* décalqué de mon *Don Sanche* est une comédie héroïque, les caractères y sont nobles, mais les enjeux amoureux et non politiques. Et quand le Petit-Bourbon le mettra à l'affiche, je prendrai soin que son succès ne soit pas si grand qu'il me porte ombrage.

— Comment feras-tu cela ?

J'ai souri.

— Tu verras.

Elle a repoussé les couvertures.

— Tu serais fourbe à ce point ?

— Pas fourbe, joueur. Toutes les tricheries sont permises puisqu'au final les morts vont se démaquiller et partager la recette avec leurs assassins.

— Comme dans ton *Illusion comique*.
— Précisément.
Enfin elle a ri.
— Mon mari, vous êtes un gredin.
— C'est pourquoi, ma douce amie, vous ne vous lasserez pas de moi.

Et pour lui signifier qu'elle était désormais ma complice en fourberie, je me suis glissé dans notre couche où j'ai travaillé incontinent à lui faire un nouvel enfant.

Ils m'appelaient le Petit

Votre dictionnaire Larousse définit l'amour ainsi :

AIMER : *verbe transitif du premier groupe (du latin* amare*) ; avoir pour quelqu'un, quelque chose, de la tendresse, de l'amitié ou de la passion.*

Le « ou » me laisse perplexe. Vos académiciens ne conçoivent donc pas qu'on puisse nourrir pour une même personne tout ensemble de la tendresse, de l'amitié et de la passion ?

C'est pourtant ce qui nous a liés, Baptiste et moi.

Avec plus d'amitié de mon côté.

Et plus de passion du sien.

La poésie est une compagne bienfaisante. Certains alexandrins vivent avec moi, quand je suis las, quand je suis triste, je les convoque et leur musique me berce :

Fermentent les rousseurs amères de l'amour.
Le charme de mes yeux et le choix de mon cœur.
Les secrets de mon âme et le soin de ma vie.

Le premier vers n'est pas de Baptiste, mais du jeune Arthur Rimbaud qui dans votre Panthéon des poètes lui tient douce compagnie. Le deuxième a été écrit par Pierre Corneille, mais il est tiré de la comédie-ballet *Psyché*, représentée et publiée en 1672 sous le nom de Molière. Le dernier vient de la tragédie *Cinna*, de Corneille, qu'entre 1658 et 1673 Molière et sa troupe ont jouée si souvent.

J'aime aussi :

En vain après sa mort il voudra murmurer.

Sur la foi de mon droit mon âme se repose.

Le premier est dit par Félix, l'empereur romain de *Polyeucte*. Vous trouverez le second dans la bouche d'Alceste, le fier et malheureux héros du *Misanthrope*.

Ces vers-là, comme tant d'autres extraits du théâtre de mes deux mentors, cousinent de très près.

De si près qu'en les murmurant, il m'arrive de douter.

La naissance n'est rien où la vertu n'est pas.

Ma valeur est ma race et mon bras est mon père.

Corneille ? Molière ?

Je reprends alors les textes, et avec eux me reviennent la plume de Maître Pierre courant sur le papier et le sourire de Baptiste découvrant ses mots.

Au temps heureux où ils étaient complices.

Pour vous je serai l'Accoucheuse

Voilà, nous étions à la mode. *Les Précieuses ridicules* avaient eu droit à trente vers élogieux dans la gazette de Jean Loret, ce qui équivaudrait pour vous à une invitation au journal télévisé du soir. Cathos et Magdelon, les deux niaises provinciales qui, pour se donner grand air, appelaient un fauteuil « les commodités de la conversation », un miroir « le conseiller des grâces », et prenaient pour argent comptant la fausse monnaie que leur débitaient deux valets travestis en gentilshommes extravagants, avaient suscité un engouement tel que nous avions doublé le prix des places et rempli notre salle jusqu'aux combles. Il manquait à la pièce une intrigue véritable, son agrément venait surtout du ton de voix et des poses affectées, mais il semblait qu'on n'eût jamais rien vu de si habile. Baptiste déguisé en faux marquis de Mascarille ressemblait à un caniche blond couvert de rubans, il se dandinait sur ses talons hauts, peignait sa perruque au nez des dames et couvrait l'assistance de poudre chaque fois qu'il éternuait. Ravi de voir moquer les gens de qualité, le parterre en redemandait, et les petits marquis installés sur le bord de la scène applaudissaient avec ce rire de connivence qui allait faire notre fortune. Loin de se fâcher qu'on exposât leurs sottises, ils s'en glorifiaient et trouvaient si galant qu'on rît à leurs dépens que le lendemain ils nous apportaient des mémoires de tout ce qui se passait dans le monde et des portraits de leurs propres défauts en plus de ceux de leurs meilleurs amis. *Le Cocu imaginaire*, que Baptiste et moi avions pimenté à notre sauce, a achevé d'asseoir la réputation de Molière comme bel esprit. Notre jeune roi venait de rentrer de son long voyage matrimonial, il ramenait d'Espagne une épouse blonde et grasse qui, bien qu'elle fût très éprise de lui, l'ennuyait déjà. Il avait été absent presque une année, il se réjouissait de retrouver les plaisirs de la cour. Baptiste avait compté les heures jusqu'au moment de jouer à nouveau devant Sa Majesté. Quand il parlait du maître, il ne disait pas « le roi », mais Louis, simplement Louis, et je sentais que son désir de s'insinuer dans les bonnes grâces du monarque n'était pas seulement politique. Son frère cadet prénommé également Jean-Baptiste venait de mourir, laissant vacante la charge à laquelle notre Baptiste avait renoncé quand il avait embrassé la profession de comédien. Elle imposait cent vingt matins de présence au chevet du roi pour retendre ses draps, mais il n'était pas impossible de trouver un remplaçant et l'emploi offrait une opportunité inouïe de se rapprocher du souverain. Les prénoms étant semblables, il n'a pas même été besoin de modifier les lettres patentes. D'un jour à un autre, sans autre effort que la promesse faite à son père qu'il serait aussi zélé tapissier qu'il était fervent acteur, le baladin Molière a eu ses entrées dans la chambre de Louis XIV.

Cette faveur nouvelle n'a pas empêché qu'à l'automne 1660 les gens de M. de Ratabon, surintendant des Bâtiments, ne démolissent notre théâtre. Il s'agissait de modifier l'aspect du Louvre du côté qui donne sur l'église Saint-Germain-l'Auxerrois en lui adjoignant ce qui est devenu votre Cour carrée. Pour ce, il fallait abattre l'Hôtel de Bourbon qui abritait notre salle, plus tous les autres bâtiments jouxtant le palais de ce côté, en commençant par ceux dont les places devaient servir aux fondations. Le roi nous a accordé en remplacement le théâtre du Palais-Royal. La salle avait été construite par Richelieu, elle était plus petite que la nôtre et dans un état déplorable. Les travaux ont duré quatre mois. Nous avons occupé ce relâche forcé en visites et en préparation de *Dom Garcie de Navarre.* Comme dans *Le Cocu imaginaire,* il y était question de jalousie maladive, mais sur le mode noble. Baptiste était sur des charbons ardents, il signait là sa première pièce sérieuse, celle qui devait couronner sa muse. C'est moi qui avais réclamé à Maître Pierre une tragédie ou, du moins, pour apprivoiser le public par étapes, une comédie qui ne fût pas légère. Nous l'avions payée comptant et rebaptisée *Le Prince jaloux*. Nos camarades avaient joué le *Don Sanche d'Aragon* du grand Corneille, ils se sont inquiétés de la ressemblance de thème et de ton entre les deux textes. Baptiste leur a soutenu que l'Illustre l'avait encouragé à puiser dans son œuvre comme dans une source vive. L'ont-ils cru ? J'en doute. Mais ils n'ont pas poussé plus loin leurs questions. Divers contretemps nous ayant retardés, nous avons porté ce *Prince jaloux* sur la scène au moment où Maître Pierre lançait au Marais son *Œdipe* avec des effets de décors stupéfiants. De son côté Thomas, qu'on appelait maintenant Corneille le Jeune, tenait l'affiche à l'Hôtel de Bourgogne avec un *Camma* qui passionnait les foules. Pris en tenaille entre les deux frères, notre comédie héroïque a rendu l'âme avant d'avoir vécu. D'aucuns se sont plaints que notre nouvelle salle manquât de confort, une toile tendue cachait les poutres pourries du plafond, le vent soufflait les chandelles des lustres et par temps d'orage il pleuvait sur la scène. D'autres ont insinué qu'à quarante-trois ans j'étais trop vieille pour le rôle d'Elvire. Ou affirmé que nous n'étions bons qu'à jouer des bagatelles.

Baptiste ne s'attendait pas à cette déconfiture, il en a perdu l'appétit et le sommeil. Pour nous consoler, nous amadouer, pour enfin rester notre fournisseur car il était d'argent autant que de gloire affamé, Maître Pierre nous a vendu une *École des maris* dont l'encre finissait à peine de sécher. Trois actes en vers truffés de poil à démanger. Un pavé dans la mare du sexe fort dont la tyrannie sur le sexe faible s'exerçait du berceau au tombeau. Baptiste a baisé les mains de notre poète à gages, mais une fois seul avec moi, son enthousiasme a pris un tour plus nuancé. Il trouvait louable de s'intéresser au sort des femmes de notre temps à condition que la gravité du propos n'apparût pas. Il fallait que la comédie restât enlevée, que le public n'oubliât pas de s'amuser. Forcer sur les jeux de scène, mais aussi ajouter ici et là, comme nous l'avions fait dans *Sganarelle ou le Cocu imaginaire*, un peu de truculence.

J'ai haussé le sourcil.

— En alexandrins ?

Il a écarté les mains comme il faisait pour signifier au public qu'il allait lui donner de la joie.

— Pourquoi non ?

— Tu te crois capable de farciser les vers du grand Corneille ?

Il m'a planté un baiser sur la bouche.

— Bien sûr. Et tu vas m'aider à en faire du grand Molière.

Il a acheté des plumes neuves, j'ai rempli les encriers et ensemble nous avons relevé la gageure.

Ne criez pas.

Je ne fais que soulever des voiles. Vous ne risquez rien, la nudité ne mord pas.

L'École des maris confrontait deux frères d'âge et de tempérament opposés. Le plus vieux croyait qu'un bon mariage se fonde sur la confiance, et qu'à contraindre les femmes on nourrit leur rébellion. Le jeune professait qu'il les faut tenir sur bride courte sans quoi le vice de leur tempérament les conduit à fauter. Chacun était tuteur d'une fille qu'il se proposait d'épouser. Baptiste jouait le jeune mais grincheux Sganarelle que son manque de galanterie rendait aussi détestable que ridicule. Ce très déplaisant sire entendait…

… qu'enfermée au logis en personne bien sage
Elle s'applique toute aux choses du ménage,
À recoudre mon linge aux heures de loisir,
Ou bien à tricoter quelque bas par plaisir;
Qu'aux discours des muguets elle ferme l'oreille,
Et ne sorte jamais sans avoir qui la veille.
Enfin la chair est faible et j'entends tous les bruits.
Je ne veux point porter de cornes, si je puis,
Et, comme à m'épouser sa fortune l'appelle,
Je prétends, corps pour corps, pouvoir répondre d'elle.

Évidemment c'est lui qui finissait dupé par sa promise, alors que le frère aîné libéral voyait sa confiance et sa générosité récompensées. Et la servante de conclure à l'adresse du public qui trépignait de joie :

Si vous connaissez des maris loups-garous
Envoyez-les à l'école chez nous.

Ce même été, Armande Grésinde Claire Élisabeth Béjart, vierge fraîchement libérée du couvent, s'est glissée dans notre vie pour en changer le cours.

Je la connaissais à peine, quelques visites au temps de nos tribulations n'avaient pas tissé de liens véritables. Les lettres qu'elle m'adressait chaque mois contaient les heures étales ponctuées par les offices, les menus événements qui entre les murs du cloître prenaient des proportions considérables, l'humeur de ses compagnes et celle du matou que pour ses dix ans je lui avais offert. De ses goûts, de ses affections, de ses inimitiés elle ne disait mot, et par les religieuses je savais seulement qu'elle était douée pour la musique. Quand la mère supérieure m'a annoncé qu'elle avait terminé ses classes et qu'à moins de prendre le voile elle ne pourrait demeurer, j'ai envoyé l'argent du voyage et prévenu Baptiste que cette enfant logerait avec nous. Nous veillerions à l'établir selon ses goûts. J'ai précisé qu'Armande n'était pas ma sœur, comme son acte de baptême le stipulait, mais ma fille. Il a éclaté de rire et aussitôt commandé un lit neuf avec garniture et chevet. Sans me questionner, sans me reprocher de lui avoir caché ce gros secret pendant dix-sept ans.

Maître Pierre dînait chez nous le jour où la petite est arrivée. Elle portait une robe défraîchie et les cheveux simplement nattés sous un bonnet. Baptiste l'a embrassée sur les deux joues en lui souhaitant la bienvenue, le grand Corneille s'est incliné avec la raideur d'un pique-cierge, après quoi ils sont retournés ensemble au divertissement que le surintendant Fouquet nous avait commandé pour une fête sans pareille à Vaux-le-Vicomte. Armande n'avait pas ouvert la bouche. J'étais déçue, je m'attendais à ce qu'elle ressemblât à ce que j'étais à son âge. À ce qu'elle éblouît par ses appas et son aplomb. Elle était plus courte de taille que moi, elle n'avait ni mes traits, ni ma tournure, ni ma gorge, ni mes mains, ni non plus la physionomie de son père, au point qu'en la découvrant je me suis demandé si le couvent ne m'avait pas envoyé une pupille surnuméraire à la place de ma progéniture. Avec cela excessivement polie, douce, docile. Elle ne parlait que si on l'interrogeait, et elle me manifestait en privé comme en public un respect dont je ne savais que faire. Moi qui conseillais des futures duchesses, des apprenties courtisanes, des candidates à la faveur royale sur la meilleure façon d'inféoder un amant ou de museler un mari, avec cette enfant-là qui était très peu chèvre et pas davantage chou, je me trouvais sans ressource. La chimie de l'amour qui vient naturellement à la plupart des mères m'était étrangère. Ma fille l'a infusée dans mes veines sans rien faire d'autre que me donner envie de lui plaire. Ses façons discrètes instillaient un poison sans couleur, sans goût, et d'autant plus redoutable qu'il était indolore. J'avais observé les effets de cette sorte de venin chez plusieurs cœurs sincères tombés sous la coupe d'un homme ou d'une femme pour qui sans hésiter ils eussent traversé le feu et marché sur les eaux. Contre cette folie il n'est de défense que la fuite. Maître Pierre, Baptiste et moi n'avons pas eu cet instinct. L'un après l'autre Armande nous a infectés et réduits à sa merci. Peu de mois après qu'elle eut franchi notre seuil en me disant: « Madame, je vous suis infiniment reconnaissante de m'avoir appelée auprès de vous, disposez de moi à votre guise», je l'aimais plus que je n'avais aimé personne, plus que Modène, plus que moi-même. Mon cœur gagné est devenu son bastion. Elle y a dressé son camp, soumis toute résistance, et campée sur l'intuition que rien ne la bouterait dehors, elle a monté ses batteries pour les assauts qui devaient assurer son avenir. À tirs feutrés, sans jamais tenter un passage en force, elle m'a circonvenue puis supplantée assez habilement pour me persuader que je m'effaçais par tendresse maternelle. Ma mort l'an dernier a achevé de dégager une place qu'elle rêvait sans partage, et je doute qu'elle m'ait regrettée. Elle ne pleure pas davantage son mari. Calfeutrée entre les rideaux de son lit, elle aligne des chiffres dans un cahier. Longtemps je me suis demandé si l'acier de son tempérament la portait davantage à la conquête ou à la destruction.

La suite de cette histoire tiendra lieu de réponse.

Je suis l'épouse

Un génie a des cors aux pieds comme un homme ordinaire. Il a l'haleine aigre. Des flux de ventre. Il prend froid, il crache. Il se voûte, il perd ses dents, et au lit l'âge l'épargne à peine moins qu'un autre.

Mais ce qui le distingue du commun des mortels résiste au temps.

Pierre Corneille est un chêne. Une montagne battue par les vents.

Il vit des saisons qui ne sont pas les nôtres. Les siennes peuvent durer sept mois ou sept années, elles n'obéissent pas au calendrier. Il connaît en octobre des printemps bourgeonnants, en mars des étés glorieux, en janvier des automnes inquiets, en août des hivers où tout en lui se dénude. Sa dernière hibernation a été si longue que j'ai douté de le voir revenir parmi les vivants.

Il a cent ans, il a mille ans.

Quand je l'ai rencontré il avait écrit cinq comédies, plus *Le Cid*. Son théâtre faisait la part belle à des héroïnes qui tenaient ferme la barre de leur vie. Tromperies en cascade et chausse-trappes du sort ne les dématâient pas. Elles défiaient la loi qui régit notre siècle, celle des pères et des maris. Elles étaient ingénieuses et courageuses. Il m'a semblé qu'un homme qui peignait pareilles femmes n'emprisonnerait pas la sienne dans le carcan où je voyais tant d'épouses dépérir. Il m'a semblé qu'il la traiterait en partenaire et non en esclave. Qu'il l'estimerait en plus de l'engrosser.

Je l'ai choisi parce que ce qu'il écrivait m'a donné à penser qu'en me liant à lui, je ne cesserais pas d'exister.

Il m'a dit: «J'espère ne pas vous décevoir.»

Je l'ai découvert casanier, tatillon, atrabilaire, hypocondriaque, rancunier, comptant le moindre sou. Menteur. Manipulateur. Jaloux.

Rien de tout cela n'a pesé assez dans la balance pour me détourner de lui.

La nuit de nos noces, quand il m'a vue nue, il s'est écroulé et roulé sur le sol en bavant. Il était raide comme un fagot, il avait les yeux blancs. On l'aurait cru pris du haut mal, ou possédé d'un démon. Je n'ai pas appelé à l'aide. Je me suis allongée contre son flanc, j'ai tenu sa tête en veillant à ce qu'il n'avale pas sa langue, et pour le ramener du gouffre où il se débattait, je lui ai récité des passages entiers de son théâtre. J'ai la mémoire souple, si je n'étais née pour être son épouse, j'aurais pu devenir son interprète. Quand l'émotion de me savoir sienne a cédé devant le désir de me faire sienne, il m'a aimée en ogre. Sa fougue et la faim décuplée qu'il tirait de chaque étreinte m'ont fait comprendre à quelle nature d'exception je m'étais vouée.

Si les plaisirs des sens saisissent mon amour
Ce qui les peut flatter m'occupe nuit et jour.

Encore aujourd'hui il me dit: «Je suis né dans vos bras.»

Je ne réponds pas: «Et moi, dans les vôtres», parce que ce serait mentir. Bien sûr il m'a rendue femme et mère. Mais j'étais Marie avant notre rencontre. Je le suis restée. Et bien que nous soyons noués l'un à l'autre autant qu'on peut l'être en ce monde, je le serai encore après sa mort.

Il me dit aussi: «Si vous ne me cachez rien, je ne vous cacherai rien non plus.»

Il tient parole à sa façon tortueuse. Il n'y met pas malice, il est ainsi fabriqué que tout ce qu'il pense, tout ce qu'il fait, cache un double fond.

Pierre est un cabinet à secrets. Il y a plus de tiroirs dans sa tête, dans son cœur, que chez ma marchande de boutons. Je ne suis pas sûre qu'il les ait tous ouverts.

Il me confie de lui ce qu'il veut.

Le reste, je le devine.

Madeleine Béjart connaissait les hommes. À plusieurs reprises elle m'a conseillé de surveiller les silences du mien.

Pierre est bon, doux, patient. Mais ses silences bruissent de rage, de passion, de sanglots muselés. De haine et de cruauté aussi.

Il en nourrit son œuvre.

À chaque changement de ses saisons, parfois plus souvent, ces silences-là enflent. Leur crue inonde notre vie.

J'en ai de grands chagrins.

Chaque fois il s'applique à me prouver que je n'ai de rivale ni morte depuis l'Antiquité, ni vivante dans la rue d'à côté.

Il y a quantité de façons de réconforter une femme qui craint d'être évincée par plus célèbre, plus brillante, plus jeune, plus belle, plus habile qu'elle. Pierre est virtuose dans l'art de peiner, mais aussi dans celui de consoler.

Il y a aussi beaucoup de façons de rassurer un homme qui doute parce que ses contemporains et son miroir lui renvoient une image qui lui déplaît. Pour me rendre irremplaçable, je les ai toutes apprises.

Quand son engouement levait en vent violent, il m'en demandait pardon par avance. Il ajoutait: « Ne sois pas triste. Cette flambée-là ne durera pas. »

Il me lisait les vers que sa nouvelle muse lui inspirait. Ils chantaient le sang qui fourmille ou le dépit de n'être pas désiré. Et parce que Pierre se sait immortel, ils faisaient la leçon au papillon et à la fleur qui perdraient leurs couleurs avant lui.

Marquise, si mon visage
A quelques traits un peu vieux,
Souvenez-vous qu'à mon âge
Vous ne vaudrez guère mieux
Le temps aux plus belles choses
Se plaît à faire un affront,
Il saura faner vos roses
Comme il a ridé mon front.

L'exquise Du Parc l'a embrasé comme le vieux sarment qu'il était, et mon beau-frère avec lui. Les deux Corneille roucoulaient en alexandrins pour un baiser que la belle, flattée mais prudente, refusait. C'était cocasse à observer. Et douloureux à vivre. Thomas ne lisait pas ses vers à sa femme, mais à Pierre, qui me les répétait. Je ne les ai pas retenus. Mon beau-frère a la rime facile et une faconde inépuisable. Mais lui manquera toujours la magie du verbe qui rend son aîné unique.

Marquise était une fée. Pierre, Thomas, Baptiste et tant d'autres dansaient sous sa baguette. Le gros René Du Parc, qui avait beaucoup de sagesse, souriait dans son coin. Les fées sont capricieuses. Il attendait que la lassitude ramenât la sienne sous son aile. Je souffrais, mais c'était moi que la nuit Pierre retrouvait. Je portais et j'élevais nos enfants. Il travaillait. À cinquante ans passés il renouait avec le succès de ses jeunes années, et Madeleine, notre dernière-née, apprenait à lire sur ses genoux. Tout était en son ordre.

Heureux en son amour, si l'ardeur qui l'anime
N'en conçoit les tourments que pour se plaindre en rime,

Et si d'un feu si beau la céleste vigueur
Peut enflammer ses vers sans échauffer son cœur.

Et puis Armande est entrée dans notre vie.

Celle qu'il nomme tout bas « ma désirée ».

Nous habitions encore Rouen, mais il l'a connue à Paris où ses affaires de théâtre l'appelaient à nouveau. Madeleine Béjart la présentait comme sa sœur cadette, née posthume. Pierre pensait qu'elle en était la fille. Il parlait d'elle comme d'une petite chose de constitution fragile et de tempérament secret. Elle avait grandi dans un couvent près de Toulouse, ou de Montpellier, ou de Narbonne, il ne savait pas au juste. Elle aimait la musique. Elle connaissait peu la poésie, mais elle ne demandait qu'à apprendre. Il s'enorgueillissait d'avoir gagné sa confiance.

Pierre a plus de patience avec la jeunesse qu'envers les gens de son âge. Après la mort de son père il a éduqué son frère. Ensuite sont venus nos sept enfants. Puis les quatre de Thomas qui avait épousé Marguerite, ma sœur cadette. À l'image des écrits des deux Corneille, nos nichées se sont mélangées au point qu'on les distinguait difficilement. Notre maison bourdonnait de cris et de disputes.

Pierre grognait sans se fâcher, et jamais je ne l'ai vu repousser un petit.

Mon mari est un voyageur au long cours. Assis devant sa table il oublie à quelle époque, en quel lieu, dans quelle peau il est né. Les enfants et moi sommes son port, son ancre.

Il appelait Armande « mignonne », comme Marie, notre aînée, dont elle avait à peu près l'âge. Quand il visitait Madeleine et Baptiste pour parler des comédies à monter ou à écrire, ils conversaient ensemble. À l'occasion, il lui prêtait des livres.

Pourquoi me serais-je inquiétée ?

L'amour a germé en lui sans qu'il en eût conscience. Le jour où je l'ai reconnu pour tel, le plant était déjà haut et fortement enraciné.

Je l'ai mis en garde. Il a nié. J'ai insisté. Il a refusé de m'écouter.

Mais ses silences ne parlaient plus que d'elle.

Je suis allée à Paris. Je l'ai vue. Je l'ai trouvée banale. Petite, ni grasse ni maigre, les traits ronds, la gorge et les bras délicats, le teint plus bistre que blanc, les cheveux châtains, les yeux aussi. Elle touchait gentiment du clavecin, elle chantait agréablement, mais elle ne brillait ni par son allant, ni par sa conversation.

Pourtant Pierre en était toqué.

Il a poussé son mariage pour s'empêcher de la désirer.

Ou parce qu'il la désirait déjà si violemment que pour préserver sa santé il lui fallait mettre entre eux un obstacle contre lequel sa volonté, si puissante, si ingénieuse fût-elle, se briserait.

Le remède s'est avéré pire que le mal.

Pour nous tous.

Je suis l'Intouchable

Qu'auriez-vous fait à ma place ? Avant de me juger, posez-vous la question.

Je n'ai rien volé au Vieux. Il aimait les applaudissements, l'argent et le roi au moins autant que moi. Il raillait ma courtisanerie, il disait qu'à force d'arrondir le dos je finirais bossu. Mais il ne se lassait pas de m'entendre raconter le petit lever de Sa Majesté, et qui s'y trouvait, et ce dont on avait causé, et si son nom avait été prononcé. Il était plus entiché de notre souverain que de ses propres enfants, il le rêvait attaché à sa gloire autant qu'au bien public, modèle de vertu et de justice. Pour le service de cet idéal incarné, lui si raide, si rebelle à l'autorité, pliait sa vaste personne en éventail. Quelle que fût la commande, le caprice, l'urgence, pourvu qu'il s'agît de contenter Louis, il s'y ruait comme un basset au cul d'un lièvre. Je ne le suppliais jamais, j'évoquais seulement M. de Saint-Aignan qui régentait les Menus Plaisirs de Sa Majesté, et déjà il trempait sa plume dans l'encrier. Nous débattions du thème, nous brossions le canevas, ensuite chacun s'attelait à ce qu'il faisait le mieux et quand le texte était prêt, nous le repassions ensemble. Ce diable d'homme ne se gênait pas plus que moi pour emprunter aux Anciens, mais toujours il ajoutait quelque chose de son cru. Il était méthodique à l'excès, tatillon, impossible à satisfaire. Il fallait que les caractères fussent vrais, c'était son maître mot, aller à la vérité, rendre la vérité, celle de l'humain comme celle du monde, il méditait là-dessus jusqu'à se cuire la cervelle. Par bonheur j'avais de la spontanéité pour deux, à l'instinct je savais quand un trait était juste, qui il allait toucher et comment. Ensemble nous formions les deux faces d'une même pièce, et notre travail à quatre mains nous amusait autant qu'il nous profitait. Le Vieux prétendra le contraire, il vous assurera qu'il lui en venait des maux de tête et des aigreurs d'estomac, que mon agitation l'épuisait, que j'avais l'esprit trivial, le goût détestable et pas plus de dispositions pour la poésie que son cocher. Mais j'avais le talent de la vie. Qui lui manquait entièrement.

Cet atout-là, même la mort ne me l'ôtera pas.

Écoutez.

C'est la nuit du 25 août 1661 sur le parc de Vaux-le-Vicomte. La façade du château est piquée d'autant de bougies que le ciel a d'étoiles et le théâtre éphémère que nous avons monté au bas de l'allée des sapins est éclairé de plus de cent flambeaux. Le roi s'est promené jusqu'à la tombée du jour dans les jardins. Il a fait honneur à l'extraordinaire souper préparé par le cuisinier Vatel. Avec sa mère et son épouse il a pris place sous le dais dressé en son honneur, il attend le divertissement que j'ai conçu pour lui. Je saute au milieu de la scène essoufflé comme si Satan me poursuivait. Je porte mon habit de ville et des souliers poussiéreux, ma perruque est de travers, ma cravate aussi, j'ai l'air désespéré. Je lui annonce en me tortillant d'embarras que mes camarades sont malades, si les dieux ne nous viennent pas en aide il nous sera impossible de lui offrir le spectacle annoncé. Il fronce les sourcils, il est sur le point de se fâcher, mais déjà le décor en forme de rocher s'est ouvert sur une coquille où ma Béjart en nymphe très peu vêtue lui tend les bras au milieu de vingt jets d'eau. Les arbres et les statues s'animent en faunes qui dansent tandis qu'elle déclame un prologue à la gloire du plus grand roi du monde. Les yeux de Louis s'allument, il aime les surprises, les femmes nues et les flatteries. Vient ensuite un défilé d'importuns qui contrarient les amours d'un jeune marquis et de sa dulcinée. En me décomposant et me recomposant cinq fois, je joue cinq fâcheux l'un après l'autre. Un musicien, un joueur, un bavard, un pédant, un savant, le tout entrecoupé de ballets dansés par des professionnels. Ce tour de force laisse les spectateurs ébahis et Louis satisfait au point de me suggérer un caractère supplémentaire. Pour la première fois il me regarde dans les yeux. Je ne baisse pas les miens, mais je tremble de joie. Le surintendant nous avait donné quinze jours pour concevoir, écrire, agencer et répéter notre divertissement. Le dessein était d'entrelacer danse, musique et comédie en sorte qu'ils ne fissent qu'un. Nous y avons réussi comme personne avant nous. Qu'importe si ce bel ensemble n'est pas parti de ma seule tête, c'est à moi que le mérite revient. Le succès me fouette comme une brassée d'orties, je pourrais maintenant courir jusqu'à Rouen sans m'arrêter. Le coche m'en épargne la suée, je retrouve Maître Pierre au coin de son feu qui brûle en toute saison. Sans me souhaiter le bonjour, il me demande si je suis familier du traité dans lequel le philosophe La Mothe Le Vayer délivre d'utiles conseils sur la façon d'affronter les adversités.

Il précise :

— Notamment le cocuage.

Cette matière-là me connaît, elle fait le bonheur des farceurs depuis l'Antiquité.

Je réponds :

— Le cocuage ? Le meilleur moyen de ne pas en souffrir est d'en rire !

— Certes. Mais pas en ouvrant si grand la bouche qu'on compte vos molaires.

Je me retiens de répliquer que mieux vaut montrer ses molaires que de n'en point avoir.

Il prend une feuille et lit :

… *Qu'on peut du cocuage*
Se faire en galant homme une plus douce image
Et qu'enfin tout le mal, quoique le monde glose,
N'est que dans la façon de recevoir la chose.

Je hasarde que le fond a du sens, mais que la forme manque de grâce. « *Quoique le monde glose* » écorche l'oreille.

Il coule sur moi son regard de Gorgone. Je ne m'y laisse plus prendre, je me détourne assez vite pour qu'il ne me change pas en caillou. En mangeant les mots comme chaque fois qu'il s'échauffe, il dit :

— Tant mieux. On y verra votre patte. Pour entretenir l'illusion de votre talent, il est bon qu'ici et là j'écrive comme vous.

Je ne veux pas risquer de le fâcher, je me tais.

Il poursuit :

— Il sera question dans cette *École des femmes* d'une épouse qu'on se prépare dès le berceau, de naïveté extrême, de cotillon et de tarte à la crème. Vous ne serez pas dépaysé.

Il renifle et crache dans son mouchoir. Je ne cherche pas à démêler ses sous-entendus venimeux, qu'il cherche souvent à m'humilier n'entame pas ma bonne humeur. Je m'inquiète de son teint gris et de ses bronches encombrées, boit-il du bon vin rouge ? mange-t-il de la viande grasse ? Je l'encourage à mettre son vilain nez à la fenêtre et à se donner un peu d'exercice. Il ne daigne pas me répondre. Lorsque je le visite, hors des questions de théâtre ou de la petite Armande qu'il a prise en amitié, nous ne parlons de rien. Je ne sais s'il est encore plus misanthrope qu'on ne le dit, ou s'il me tient en si piètre estime qu'il se moque de savoir ce que je pense de l'état du royaume ou de la meilleure façon de cuisiner les huîtres. Je ne m'en offusque pas. Je le vois comme un vieux brochet peu désireux de partager son bassin avec d'autres poissons. Je connais des tours pour ces bêtes-là aussi. Je trouverai le moyen de circonvenir le prince des poètes. Comme les autres, tous les autres, viendra un jour où c'est lui qui ne pourra se passer de moi.

Vous en doutez ?

Je suis la Désirée

VENDREDI, LE 24 DE FÉVRIER, À L'AUBE

La réputation de Maître Pierre ne m'intimidait pas, on m'avait si bien tenue à l'écart du monde que je n'avais lu ni vu représenter aucune de ses pièces. Quand il parlait les mots trébuchaient dans sa bouche, mais Madeleine le révérait, et dès notre deuxième rencontre il m'a prêté une attention que personne ne m'avait jusqu'alors accordée. Comme le confesseur de mon couvent il avait de grandes mains et des yeux qui vous disséquaient l'âme. Le bout de ses doigts était teinté par l'encre. En parlant avec Baptiste, en marchant, en récitant des vers, il frottait machinalement les taches noires sur sa manche. Avec plus ou moins de vigueur, de distraction, d'agacement. Été comme hiver il portait un habit à l'ancienne mode taillé dans une laine sombre. Le grattement de ses ongles sur le tissu était pour moi un discours où je déchiffrais son humeur.

Je me suis attachée à lui comme le gui au chêne. Les mois où il ne venait pas à Paris me semblaient perdus. Il était ma nourriture, grâce à ses leçons je croissais, je me fortifiais. Pour m'aiguiser les dents, je le taquinais. Il me réprimandait, mais ses yeux pardonnaient. J'espérais ses visites. Quand je reconnaissais son pas, mon cœur battait, je courais à lui, et au lieu de révérence je lui baisais une main, puis l'autre, puis la première, jusqu'à ce qu'il rie et alors, vite, il plaquait ses paumes sur sa bouche.

Je ne l'ai jamais vu rire qu'avec moi.

Je lui confiais mes petits secrets. J'avais honte de mon ignorance. Un négociant en bois me contait fleurette. Madeleine songeait pour moi au fils d'un notaire. Je souhaitais apprendre à dire les alexandrins avec le ton qu'il faut. Au fil des semaines je me trouvais moins vilaine et moins niaise. Même, en m'appliquant, il me semblait que je pouvais plaire. Paraître en public ne m'effrayait presque plus. Je ne voulais me marier qu'au sein de la compagnie afin d'y rester toujours.

Maître Pierre me regardait au-dessus des bésicles sans lesquelles il ne pouvait lire ni écrire.

— Et si tu épousais Baptiste ?

J'ai haussé les épaules.

— Il est de vingt ans mon aîné.

— Les hommes mûrs font d'excellents maris. Tu demanderas à Marie quand elle viendra à Paris, je ne crois pas qu'elle se plaindra de moi.

— Il a déjà une compagne. Madeleine.

— Il ne couche plus avec elle.

— Qui vous l'a dit?

— Toi.

— Vous retenez tout ce que je vous dis?

— Tout.

— Et vous pensez que je ne vous mens jamais?

— Pas plus que moi, je ne te mens.

Il me fixait et je me sentais fondre comme cire sous la flamme. J'aimais lui tenir tête. Et à la fin, au moins en apparence, lui céder.

— Baptiste n'a aucun goût pour moi, c'est à peine s'il m'adresse la parole, je me raserais le crâne qu'il ne le remarquerait pas.

— Ne te soucie pas qu'il t'aime, seulement qu'il t'épouse. Sa femme sera la première de la troupe.

— Il est marié avec sa liberté. S'il avait voulu rentrer dans le rang, il aurait pris Madeleine.

— Je ne pense pas qu'elle l'aurait accepté.

— Il n'était pas assez bon pour elle et il le serait pour moi ?

— Il n'est plus le comédien débutant avec qui elle est partie en province après ta naissance. Il a la protection de Monsieur et l'œil du roi, le Palais-Royal est lancé, on commence à parler de Molière comme du premier Farceur de France…

— On l'appelle aussi « le Peintre » parce qu'il met sur le théâtre des caractères plus vrais que nature.

Il a hoché la tête.

— Certes.

— On loue sa plume autant que son jeu.

Ses yeux brillaient.

— Elle le mérite.

Je réfléchissais. À la bien considérer, l'affaire présentait des avantages.

— Il est vrai que j'épouserais l'auteur en plus de l'acteur. Ce serait là une position plus enviable que d'être seulement femme de comédien.

— Assurément.

— Mais je veux être choisie par inclination.

— Tu vas suivre mes conseils et Baptiste t'aimera.

— Il ne me plaît pas beaucoup.

— Tu le persuaderas du contraire.

— Et Madeleine ? Elle me donnerait à son amant ?

— Je l'y inclinerai en sorte qu'elle n'y voie que raison.

Il a tendu le bras.

— Viens là.

Il m'a prise sur ses genoux. Personne avant lui ne m'avait témoigné d'affection, et depuis je n'ai laissé personne me câliner ainsi. J'ai laissé aller ma tête contre son épaule.

— Serai-je heureuse ?

Il a posé un baiser entre mes sourcils.

— Tu deviendras Mademoiselle Molière. Tu seras la maîtresse du navire.

C'est ce mot-là qui m'a décidée.

Nous avons tissé la toile ensemble.

Et nos proies sont venues là où nous les voulions mener.

J'ai compris qu'il nourrissait envers ma personne un intérêt tout différent de l'affection qu'un mentor porte à son élève quelques mois après mes noces avec Baptiste, quand il a quitté Rouen pour s'installer à Paris.

Et qu'il a commencé d'écrire pour moi.

À la lumière de cette vérité le paysage entier s'est recomposé.

J'en ai eu le vertige.

Je n'en ai rien montré, mais je l'ai regardé autrement. J'ai cessé de lui baiser les mains. De lui tendre mon front.

Son secret est devenu le mien.

Il l'est resté.

Et il le restera.

Mon nom est Pierre

Ce vendredi, le matin

Mignonne, je dois te dire
Chère enfant, je veux vous dire
À ma Désirée je voudrais dire

Comment dérouler le fil jusqu'au bout sans qu'il casse ?

Je n'avais pas prévu leur succès. Son succès. Je ne voyais en lui qu'un bouffon transformiste, habile à flairer le vent, prompt à courber l'échine et prêt à toutes les compromissions pour arriver à ses fins. Il était la personne du monde qui travaillait avec le plus de difficulté et mon fils de dix ans tournait les vers mieux que lui. Il se dissipait en honteuse compagnie, il ne lisait qu'à ses moments perdus, c'est dire presque jamais, il semblait ne vouloir réfléchir à quoi que ce fût de sérieux. Mais il avait une extraordinaire faculté à attirer l'attention. Et à susciter l'engouement.

Peu de personnes m'apprécient. Ma femme et mes enfants, du moins je l'espère. Floridor, que je connais depuis ses débuts au théâtre du Marais, et qui, comme le Petit, est mon filleul de cœur. Une poignée de gens de lettres dont je crains qu'ils ne m'admirent plus qu'ils ne m'affectionnent. Mon boucher avec qui je converse volontiers. La famille qui travaille notre terre de Petit-Couronne. Pour les autres, je ne sais s'ils me recherchent par goût ou parce que compter parmi mes habitués les flatte. Le Farceur était plus couvert d'amis qu'une vache de mouches au midi d'août. Du moment où il ouvrait un œil à celui où il essayait de s'endormir il n'était jamais tranquille, à peine s'asseyait-il à sa table que déjà on le demandait, il n'était seul avec lui-même que sur sa chaise percée.

Écrire est une prière, comment se recueillir si l'on est constamment attiré hors de soi ?

Les premières années, tout s'est passé le mieux du monde. Sans autre accord que verbal nous reconduisions notre arrangement, ses retombées nous servaient généreusement, Marie ne boudait pas l'argent glané par ce biais, Madeleine jouait la fée conciliatrice, Baptiste me couvrait de caresses,

Thomas mis dans la confidence trouvait le tour ingénieux, bref, je n'étais pas mécontent. À trente-six ans j'avais dans le même hiver écrit une tragédie qui contait les malheurs du grand Pompée, plus ma comédie *Le Menteur*. La soixantaine approchant je me découvrais capable non seulement de renouveler l'exploit, mais même, à mesure que je me prenais au jeu, de le faire à un rythme proprement surhumain. Mon moi noble signait les tragédies que je donnais au Marais ou à l'Hôtel de Bourgogne, mon moi secret troussait les comédies qui remplissaient la salle du Palais-Royal. Me dédoubler sans que personne soupçonnât l'imposture me procurait un plaisir qui me fouettait le sang. Pas un instant je ne songeai que j'avais conclu un pacte qui m'allait conduire en enfer. J'avais promis à Marie que jamais la situation ne m'échapperait, et je me faisais fort de mettre un terme à cette collaboration si les modalités venaient à me déplaire, ou si l'affaire tournait à mon désavantage. Ma tête grouille de personnages mais les rangs ne se mélangent pas, non plus que les vertus et les vices. Quand j'ai besoin d'un caractère, d'un décor ou d'une rime, je ferme les yeux, je passe mes étagères en revue et sans rien déranger je me sers. Dans sa hâte de jouer au grand auteur Baptiste crachait ses idées sur ma table comme des noyaux d'olive. Trois sur quatre me tiraient un soupir. Je surveillais la pendule. Il gémissait :

— Êtes-vous déjà las de moi ?

Je répondais :

— Travaillons.

— Mais je travaille ! Cela ne se voit pas ?

Il se cassait en deux et improvisait la querelle d'un barbon avec un valet.

— Vous ne notez rien ?

Je repoussais les feuillets que nous venions de relire.

— À quoi bon ? Une fois sur le théâtre vous en ferez autre chose.

Des deux mains il m'envoyait un baiser.

— L'Illustre a raison ! Il a toujours raison !

Je suis homme de plume. De silence et de réflexion. Des orteils à l'occiput Baptiste était homme de scène. Il ne pensait pas, il sentait. Son monde intérieur ressemblait à une auberge un soir de banquet, tout y était cul par-dessus tête, les sentiments et les habits s'y tachaient de potage, ce n'étaient que cris, cavalcades, broches à tourner, pots de chambre à vider, et sans cesser de sautiller, de se mordre les doigts, de fourrager sous sa perruque et de grimacer face au miroir, il piochait au petit bonheur dans ce désordre. La construction d'une intrigue l'intéressait peu, l'unité d'action, de lieu et de temps encore moins. Il savait reconnaître un beau vers et s'extasiait devant la perfection des miens, mais eussent-il été bancals qu'il m'eût félicité pareillement. Il ne se souciait pas d'en pénétrer les intentions cachées, il ne se demandait jamais si les réflexions suggérées dans les comédies qu'il signait méritaient d'être incarnées autrement que sur le mode grotesque. Il n'y cherchait ni l'écho de nos vies, ni celui du siècle. Ces objets que je mettais sur le tour et polissais pour lui, si vibrants d'émotion qu'ils fussent, n'étaient à ses yeux que marchandise d'une valeur à peine supérieure aux costumes des acteurs. Il songeait avant tout à gagner la faveur royale, et dans cette quête mon génie lui était un outil parmi d'autres. En plus de moi il s'était adjoint les services de son ami Chapelle, plume agile, buveur impénitent et incurable avaricieux, plus ceux de trois ou quatre rimailleurs qui en échange de quelques louis le tiraient d'embarras. Son coup d'éclat le soir de la féerie de Vaux-le-Vicomte lui avait profité au-delà de ce que Madeleine et moi eussions pu imaginer. Froissé de la leçon de magnificence que son surintendant lui avait infligée, Louis XIV trois semaines après que les feux d'artifice s'étaient fondus dans la nuit avait embastillé l'écureuil virevoltant. Jean-Baptiste Colbert, qu'on surnommait le Nord, avait remplacé Nicolas Fouquet aux Finances, et le roi avait rallié à Versailles les meilleurs artistes de Vaux. Baptiste était du lot. Oubliant avoir jamais connu le ministre déchu, il s'était si bien appliqué à divertir le maître qu'on le surnommait maintenant le Bouffon de Sa Majesté. Le titre me semblait peu flatteur mais lui s'en félicitait, claironnant qu'il vaut mieux être bon bouffon que mauvais homme. Il n'ajoutait pas : mauvais poète, parce qu'à force d'applaudissements il se sentait pousser des ailes qui, m'avouait-il rondement, le remplissaient d'aise. Je le laissais jaboter sans le reprendre. Qu'il moissonnât grâce à moi les lauriers nous profitait à tous sans retrancher rien à ma gloire. *La Toison d'or* puis *Sertorius* avaient été unanimement fêtés, et je préparais une *Sophonisbe* magistrale. On me réclamait, on m'encensait, que demander de plus ?

J'avais même réussi à la céder sans la perdre.

Elle, ma Désirée.

Comme l'eau infiltre une terre desséchée, la cadette de la tribu Béjart s'était coulée en moi. Je n'avais rien deviné, et voilà que j'étais gonflé d'elle, fécondé par elle. M'éveillant au jour pour lui sourire, posant ma plume sur le papier comme l'eussent fait mes doigts sur sa peau. Elle n'avait pas vingt ans, j'en avais près du triple, et je la voulais servir de toutes les façons connues plus celles qu'aucun humain n'avait encore inventées. Pour elle, ses yeux dans les miens, son rire, ses menottes sur le clavecin, je rêvais le meilleur.

Entre tous les partis envisageables, celui que la cour et la ville applaudissaient sous le nom de Molière était évidemment le meilleur. Puisqu'il était à demi moi.

Madeleine comprit sans peine que cette union permettrait ensemble d'assurer l'avenir d'Armande, de la garder près d'elle et de concentrer au sein de la famille un pactole qui allait s'arrondissant. Il fut moins aisé d'incliner Baptiste à considérer le mariage comme une issue enviable à une vie de débauche. Ses quarante ans qui approchaient et l'apparente docilité d'Armande le persuadèrent qu'il avait plus à gagner à ce marché qu'à y perdre. Il regarda la petite, il lui sourit. Suivant mes avis, elle veilla à ne lui rendre regards ni sourires. Il se piqua au jeu et avala un hameçon dont le dard lui embrocha le cœur. Mais une fois pris, il posa une condition de laquelle mes ruses ne purent le faire démordre. Avec une solennité surprenante chez un homme qui plaisantait de tout, il exigea que je prêtasse un serment dont le trépas seul me délivrerait.

Je demandai :

— Mon trépas ou le vôtre ?

Il éclata d'un rire désobligeant.

— Vous serez os et poussière avant moi !

Je ne me résolvais pas à lui céder.

— Il est des façons dérobées d'apprendre à autrui ce qu'on voudrait qu'il sût...

Et j'ajoutai ce vers qui m'était cher :

— *Si ma bouche est muette, écoute mon silence...*

Il haussa les épaules.

— Je ferai tant de bruit, mon ami, tant de bruit qu'elle n'entendra que moi.

— Mais si quelque accident vous en empêchait ?

— Alors je reviendrais d'outre-tombe et je vous bâillonnerais !

Je jurai de ne jamais révéler à Armande notre trafic de plume. Madeleine prêta le même serment. Le mariage eut lieu à la mi-janvier 1662, ils ne m'invitèrent pas. Les semaines qui suivirent je brûlai d'une fièvre aggravée de convulsions pareilles à celles de ma nuit de noces. Je supportai saignées, lavements, cataplasmes, décoctions et même l'émétique de peur que Marie ne vînt à soupçonner que mon mal n'était pas du corps mais de l'âme. *Toujours aimer, toujours souffrir, toujours mourir*... Je sortis de cette épreuve amaigri mais point sevré. Ne voyant d'autre remède à la faim qui me rongeait, j'annonçai aux miens que nous déménagions à Paris. Le duc de Guise nous offrait le gîte et le couvert, l'Académie me réclamait, mes intérêts de théâtre le commandaient. Marie me représenta la folie de l'entreprise. Je suis sauvage, casanier, une exacte routine m'est nécessaire pour qu'à l'abri des surprises contingentes mon génie donne sa pleine mesure. À Paris nous ne serions pas dans nos meubles, je perdrais mes repères, il faudrait recevoir des importuns, rendre des visites, de surcroît l'équilibre de nos finances était instable et nous avions encore avec nous Charles qui touchait dix ans, Madeleine qui en avait sept, et un petit Thomas de cinq ans. La dot de Marie, notre aînée, m'avait coûté dix mille livres, soit cinq ans d'une pension que depuis l'arrestation du surintendant je ne percevais plus, et il fallait encore débourser pour Pierre qui avait été admis à l'Académie militaire, pour Geneviève qui commençait son noviciat chez les Visitandines, et pour François qui débutait comme page chez la duchesse de Nemours. Ma chère femme eut beau avancer des raisons excellentes, je tins ferme et, à la mi-octobre, nous fîmes nos bagages. J'avais cinquante-six ans, je n'avais jamais vécu qu'en Normandie, de la capitale je craignais le bruit, la saleté, la cherté de la nourriture, l'arrogance des domestiques, la violence. Mais Baptiste voulait qu'Armande l'admirât, et pour ce, il avait besoin de moi à portée de voix. Comme je la voulais, elle, à portée de mon regard. Savoir qu'en demi-heure je pouvais frapper à son huis me consola de ne pas la voir aussi souvent que je l'eusse souhaité. Nous foulions les mêmes pavés, nous respirions le même air, cette proximité m'était comme un drap recouvrant nos deux corps. J'y puisai douceur et force pour le double combat qui m'attendait.

Ils m'appelaient le Petit

Un théâtre dépérit et meurt comme vous et moi. Il subit les aléas des saisons, les caprices du public, ceux qui nous gouvernent peuvent d'un paraphe au bas d'un décret changer ses destinées et les épidémies le ruiner en quelques mois.

Vous avez fermé vos salles pendant une année entière pour protéger votre population de ce que vous appelez un virus.

L'hiver où Baptiste est passé de vie à trépas, la Seine a gelé pendant des semaines. Le courant charriait des blocs de glace qui en dérivant perçaient la coque des barques. Un vent de fièvre pulmonaire s'est levé, il soufflait près du Louvre moins fort que dans les faubourgs, mais personne n'était à l'abri. Les gens se cantonnaient chez eux, pour les attirer au spectacle il fallait les racoler jusque dans leur chambre. Maître Pierre et Baptiste se chamaillaient, chacun reprochait à l'autre de le desservir, et nous craignions que la préparation du *Malade imaginaire* ne marquât la fin d'une entente qui avait fait les beaux jours de la troupe. Leur arrangement n'était plus un secret pour nos camarades et les libraires comme les gazetiers se doutaient que les pièces représentées et publiées sous le nom de Molière avaient plus d'un père.

Mais le roi l'ignorait.

Il n'était de l'intérêt de personne qu'il l'apprît.

Comment un homme de cinquante ans sujet aux fluxions parvenait-il à gérer le quotidien d'un théâtre, jouer le rôle principal dans ses propres comédies, organiser les déplacements de la compagnie à Versailles, Saint-Germain, Fontainebleau, Saint-Cloud, veiller aux décors, à la musique, aux costumes, aux finances, diriger les répétitions, arbitrer les conflits, faire des lectures dans les salons, rendre quantité de visites, remplir sa charge de tapissier, sauver du temps pour son épouse, ses amis, ses plaisirs, et, lorsque Sa Majesté lui commandait un spectacle, écrire et porter sur scène en moins d'un mois, parfois même en dix jours, une comédie achevée?

Louis XIV ne se posait pas la question. Ou s'il s'interrogeait, il n'en laissait rien paraître. Il entendait être diverti, le résultat seul comptait. Il appréciait Molière, il le réclamait, il lui avait donné un théâtre, il avait fait de lui le principal fournisseur des Divertissements royaux.

Laisser entendre que derrière le comédien poète qu'il avait distingué un autre tenait la plume eût été critiquer le jugement de Sa Majesté. Fou celui qui s'y serait risqué.

La faveur du roi est une cape qui protège jusque dans la mort.

Tant que Maître Pierre se taira, personne ne parlera.

Pour vous je serai l'Accoucheuse

Évidemment vous grincez des dents. Vous voulez me renvoyer au néant d'où je viens. Vous me traitez de noms d'oiseaux.

Vos menaces ne me feront pas lâcher le fil de cette histoire, ni renoncer à vous la conter jusqu'au bout. Elle heurte vos convictions, celles qu'instituteurs, professeurs de collège, biographes, comédiens et directeurs de théâtre ont ancrées en vous au fil des siècles. Mais de ce choc vous sortirez indemnes, je vous le promets. Et si vous acceptez de remiser vos œillères pour regarder mon paysage avec les yeux que je vous prête, vous aurez de quoi tenir en haleine vos contemporains autour d'une volaille rôtie.

Faites mentalement un pas de côté. Oubliez un moment votre monde où ce que vous appelez « le droit d'auteur » est protégé par des lois que personne ne conteste, et suivez-moi à Paris en ce temps qui deviendra votre Grand Siècle, mais qui pour la plupart d'entre nous n'était qu'une course à la survie. Dévorée par un cancer au sein dont ses médecins découpaient une tranche chaque matin, la reine mère se confinait en dévotions en attendant de rejoindre le cardinal Mazarin outre-tombe. Le procès du surintendant Fouquet commençait, si Colbert et son royal maître renonçaient à décapiter celui qu'ils accusaient de prévarication et de complot contre l'État, ce serait pour l'emmurer dans une citadelle et l'y laisser pourrir. Louis XIV avait vingt-cinq ans. Il était beau, secret, obstiné, susceptible. Il portait perruque afin de cacher que le typhus avait ruiné sa chevelure et nourrissait de sa grandeur une idée si haute que même Colbert en avait le vertige. Du brin d'herbe au prince du sang, tout plierait sous la loi qu'il voulait donner au monde. En attendant il aimait la guitare, la chasse, la danse, son château de Versailles, sa belle-sœur Henriette, maigre, brune et spirituelle épouse du petit Monsieur, et la jeune Louise de La Vallière, également maigre, mais blonde, timide et intronisée favorite officielle. Pour nous distraire du labeur quotidien nous lisions les pamphlets qui chansonnaient les vices de la cour. L'été nous nous baignions nus dans la Seine. L'hiver nous jouions à la paume, aux cartes, aux bouts-rimés. Nous avions la lutte, les combats de nains, de femmes, de chiens, de coqs et de furets. Les foires. Les processions. Les carrousels. Le carnaval.

Et le théâtre.

En laissant de côté les farceurs italiens et les comédiens espagnols, trois troupes se disputaient les faveurs du public. Trois seulement ? Pour nous qui vivions de cet art difficile, c'était assez de concurrence. Avec près d'un demi-million d'habitants Paris était aussi peuplé que Londres, mais le tâcheron se contentait des acteurs ambulants qui se produisaient sur les ponts ou les places. Aller au spectacle demandait de pouvoir arracher au quotidien le coût d'un plaisir qui, dans l'ordre du superflu, nichait entre une séance chez le baigneur et un bonnet neuf. Un décret royal fixait le prix des places, mais pour les œuvres point encore publiées il était d'usage de le doubler. Aussi l'Hôtel de Bourgogne, le Palais-Royal et le Marais chassaient-ils avec ardeur les nouveautés. La capitale ne manquait pas de poètes. Reconnus, prétendus, novices, aspirants, en habit de velours, robe de bure ou guenilles. Sur le nombre, moins d'une vingtaine avaient assez de métier pour espérer remplir une salle qui, spectateurs debout bien tassés, pouvait accueillir jusqu'à six cents personnes. Le haut théâtre restait le genre noble. On accédait au statut de grand auteur en cinq actes et en alexandrins, de préférence entre les colonnes d'un palais antique. Mais les tragédies exigeaient des décors fastueux, des répétitions longues, et les rôles ne s'échangeaient pas au pied levé. Une grossesse difficile, une maladie, un accident pouvaient ruiner des mois d'effort. La prise de risque était lourde, les investissements asséchaient la trésorerie, et même quand un nom célèbre brillait sur les affiches, rien ne garantissait un succès. Les bagatelles, comédies enlevées et petites pièces en trois actes rapportaient autant, voire plus, avec moins de tracas. Pour ce gibier-là chaque compagnie avait ses fournisseurs attitrés. Nous les appelions nos comédiens poètes, nous faisions la roue pour les séduire, nous rémunérions leurs services, nous tolérions leurs caprices, nous pardonnions leurs infidélités et nous les caressions plus tendrement qu'un mari sa jeune épousée.

Tout en sachant qu'ils écrivaient rarement, ou mal, ou pas du tout.

Et que derrière le texte qu'ils nous proposaient se cachait souvent un homme de l'ombre.

Dont presque chaque fois nous connaissions le nom.

Non, je ne délire pas. Consultez nos dictionnaires historiques. Comparez-les aux archives de votre Comédie-Française. Vous verrez qu'une même comédie pouvait être attribuée à des auteurs différents. Et qu'en face de certaines « pièces nouvelles » dans le registre du zélé La Grange et les livres de caisse de nos camarades La Thorillière et Hubert figuraient parfois des versements distincts. L'un au profit de celui sous le nom duquel la pièce avait été représentée. L'autre au bénéfice d'un écrivain qui, dans la même saison, faisait jouer chez nos concurrents une grande pièce en cinq actes. Nos poètes les plus féconds écrivaient avec la même aisance tragédies et comédies. Mais seules les premières pavaient le chemin menant à l'Académie, aussi les ambitieux affichaient-ils au grand jour leurs œuvres sérieuses. Et monnayaient-ils à l'occasion leurs bagatelles sans les signer.

Voyez-vous où je veux en venir ?

Prenez un auteur prolifique et soucieux de sa réputation. Par exemple, Jean de La Fontaine, qui, en plus des *Fables* que vous affectionnez, s'est essayé au théâtre. Edme Boursault. Thomas Corneille. Son frère Pierre. Cet auteur de qualité a troussé une comédie piquante dont il ne rougit pas, mais que pour ménager ses intérêts il ne souhaite point endosser. Il la soumet à un acteur influent auquel le beau nom de poète chante une musique suave. Ainsi, pour l'Hôtel de Bourgogne : Brécourt, Montfleury fils, Hauteroche, Champmeslé, Poisson. Au Palais-Royal, Molière et, à l'occasion, La Thorillière. Cet acteur trouve le texte prometteur. Il l'achète au prix fait, c'est-à-dire fixe, ou il propose à notre écrivain une part sur les recettes futures. Dans les deux cas, le comédien-apporteur rhabillé en comédien-auteur, ou « façon d'auteur », devient propriétaire de l'œuvre qu'il présente à la troupe de son choix comme étant sienne. Elle plaît. Il peut alors la modifier à son gré et la faire représenter puis publier sous son nom, sans nom, ou même sous le nom d'un tiers complice sans que notre plume de l'ombre puisse formuler aucune réclamation.

Ingénieux, n'est-ce pas?

Ce système de paravent égarait admirablement les esprits. Ceux qui gravitaient autour du théâtre en connaissaient les rouages, mais chacun y trouvant son compte, personne ne le dénonçait. Le gros du public se moquait de savoir qui écrivait quoi, il venait au spectacle pour voyager, pourvu qu'on lui donnât son content d'émotions, il en redemandait. Et le roi récompensait les divertissements que nous lui offrions à proportion du plaisir qu'il en tirait.

Ainsi, bon an mal an, allait notre monde. Une comédie était une marchandise comme une autre, et sur terre il y avait sort plus terrible que celui d'un auteur qui voyait son œuvre réécrite ou tronquée.

Sauf quand la jalousie s'en mêlait.

Je suis l'Intouchable

Si vous voulez vivre en paix, ne vous mariez pas. L'état conjugal a des avantages, j'en conviens, dont le plus concret est de disposer soir et matin de seins rondelets et autres merveilles à baiser et mignoter, sans compter le soin qu'une femme prend de votre logis, de vos habits, de votre table, de votre santé. Mais chaque médaille a son revers et, croyez-moi, la face cachée de ce bonheur-là porte presque toujours des cornes, et bien souvent des pieds fourchus.

Moi qui sur le théâtre moquais la condition d'époux, j'aurais dû me méfier davantage.

Mais voilà, je prends l'affaire comme tout ce qui me tient à cœur : je l'embrasse à pleine bouche. Au sortir du couvent Armande ignorait qu'il faut un coq sur la poule pour que d'un œuf sorte un poussin. Il semble que quelques mois à notre table aient suffi à l'instruire, quand le moment vient de nous coucher ensemble, je la trouve plus à mon goût que je ne l'escomptais. Oui, je suis largement son aîné. Mais à dix-neuf ans on n'est plus une enfant, et à ceux qui voient le diable sous mon oreiller je réponds qu'autour de nous quantité d'hommes mûrs se réjouissent le poil sur le ventre de filles à peine nubiles. L'année où je conduis Armande à l'autel, nous jouons *L'École des femmes.* Cette comédie en cinq actes et en vers conte les mésaventures d'un barbon qui se mitonne une épouse à l'étouffée comme un gigot de sept heures. Il la choisit tétant encore son pouce, et il l'élève à l'écart du monde avec l'ambition de la rendre assez sotte pour qu'elle ne désire rien que filer, coudre et l'aimer. Le fond est plus grave qu'il n'y paraît, j'ai ajouté quelques pincées de franc comique afin que le mélange vous égaie tout en vous poussant à vous demander si garder sa moitié sous cloche comme un fromage protège du cocuage. La naïve Agnès a l'âge qu'avait Armande lorsqu'elle est arrivée chez nous, et moi celui d'Arnolphe, son tuteur tyrannique. Je pourrais craindre que les gens n'y voient ressemblance propice à la raillerie, et qu'ensemble mon orgueil et mon mariage ne pâtissent de cette exposition. Mais on me surnomme le Farceur, divertir autrui en payant de ma personne est mon métier.

Au lieu de me draper dans ma dignité de grand acteur devenu grand auteur, je saute sur l'occasion de donner de la publicité à notre théâtre sans bourse délier. J'ouvre les bras, je bombe la poitrine et je m'offre aux flèches. Comme le revêche Arnolphe je suis inquiet, méfiant, jaloux au dernier point? Peut-être. Je voudrais enfermer ma jeune moitié au logis de peur qu'elle ne se laisse séduire par le premier galant? Cela n'est pas impossible. Je l'aime au point de perdre le jugement, je lécherais la poussière sous ses pieds, je m'arracherais un côté de cheveux plutôt que de la perdre? Sans doute.

On jase, on chuchote, on ricane, on cancane. Je laisse dire. Armande s'en émeut, elle demande si véritablement ces sournoiseries m'indiffèrent. Elles m'égratignent, prétendre le contraire serait fanfaronner. Mais elles achèvent de nous mettre à la mode. On court au Palais-Royal autant pour voir que pour être vu, nos recettes caracolent, et désireux de me témoigner sa satisfaction d'avoir ri en se tenant les côtes, le roi m'accorde une pension de mille livres par an.

Maître Pierre n'en demande pas davantage. Il se frotte les mains, ses manchettes barbotent dans l'encrier, aux taches sur son habit je mesure le contentement que notre alliance lui donne.

Nous sommes alliés, oui.

La querelle levée par les allusions gaillardes qui pimentent la morale du sévère Arnolphe moutonne dans les salons. Les prudes des deux sexes s'offusquent que l'on puisse soutenir une pièce où une pucelle parle de mettre une tarte à la crème dans son petit panier. D'une seule voix nous répondons avec *La Critique de L'École des femmes*, où nous moquons ceux qui nous fustigent. Nous y mettons aussi ce que nous pensons de la comédie, à savoir qu'il est plus aisé de se guinder sur les grands sentiments et de dire des injures aux dieux que d'entrer dans le ridicule des hommes et de rendre leurs défauts sur le théâtre. Lorsque vous peignez un caractère, il faut le faire d'après nature, et vous avez manqué vos portraits si l'on n'y reconnaît les gens de votre siècle. Quant à l'effet d'une comédie, consultons seulement celui qu'elle produit sur nous, laissons-nous aller de bonne foi aux choses qui nous prennent par les entrailles, et ne cherchons pas de raisonnements pour nous empêcher d'avoir du plaisir. Maître Pierre défendait déjà ces idées dans les préfaces de ses comédies de jeunesse, mais la vérité n'a pas d'âge et sans coups de marteau répétés le clou n'entre pas dans le mur. Notre poil à gratter enchante le parterre, mais les beaux messieurs qui en sont saupoudrés le jugent trop urticant pour ne pas chercher à l'éliminer. Devinez qui fait les frais de leurs démangeaisons ?

C'est l'été de 1663, je croise à Versailles le duc de La Feuillade qui s'est cru reconnaître dans le sot marquis de la *Critique*. De loin, il m'adresse un signe. Content de le trouver dans d'aimables dispositions, je m'approche. Le voilà qui m'empoigne par la nuque et me frotte le visage contre son pourpoint clouté de diamants en criant : « Tarte à la crème, Molière, tarte à la crème ! » J'ai les joues et le front griffés, le sang goutte sur ma cravate, mais autour de nous c'est à qui rira le plus fort. Pour ne pas être en reste je feins une agonie de tragédien, je me contorsionne et je barbouille de rouge mon habit. L'assistance applaudit et le duc s'en va très satisfait de sa plaisanterie. Sans me plaindre, je rentre chez moi. Armande me gronde. Madeleine me tartine de pommade. Je fais porter une lettre à Maître Pierre pour lui conter mon aventure. Il promet de vitrioler nos ennemis, et en moins de temps qu'il n'en faut aux méchants pour revenir à la charge, nous portons sur la scène un *Impromptu de Versailles* où, sous couvert de répéter un spectacle, nos comédiens dénoncent l'insignifiance des marquis à rubans, la prétention des poètes sans talent, les vertueuses qui ne pensent qu'à sauver les apparences, les médisantes qui vivent de leur venin, les façonnières sans esprit ni beauté.

Nous avons remporté la joute ? Pas encore. En retour de gifle un *Impromptu de Condé* joué à l'Hôtel de Bourgogne me peint en si piètre acteur qu'au lieu d'admiration il devrait susciter la pitié :

Il vient le nez au vent,
Les pieds en parenthèse et l'épaule en avant ;
Sa perruque, qui suit du côté qu'il avance,
Plus pleine de lauriers qu'un jambon de Mayence ;
Les mains sur les côtés d'un air peu négligé,
Le bât sur le dos comme un mulet chargé,
Les yeux fort égarés, puis, débitant ses rôles,
D'un hoquet éternel égare ses paroles.

Le portrait est salé, mais au lieu de me fâcher, j'en ris. Il me paraît même si habile que je le mime devant mon miroir, pendant que je m'habille. Oui, je suis ainsi. Quand une critique me semble spirituelle, je tâche à en tirer parti. Armande l'entend d'une autre oreille. Elle veut bien qu'on fronde les pièces de Molière, mais pas qu'on brocarde l'homme qui a l'honneur d'être son époux. Nous nous querellons. Elle boude assez longtemps pour me faire promettre de protéger notre ménage. Elle a raison. Je ne suis plus un, mais deux, et mes assiduités ayant porté fruit, nous serons bientôt trois. À mes détracteurs j'abandonne de bon cœur mes gestes, mes paroles, mon ton de voix, ma diction, pourvu qu'ils me laissent le reste et ne touchent point à ce qui regarde ma famille et ma vie dans mon particulier.

J'ai le roi avec moi. Nous donnons sur sa demande *Le Mariage forcé* dans la cour du Louvre, et, pour comble d'honneur, il accepte de parrainer mon premier-né. Louis, fils de Jean-Baptiste Poquelin, dit Molière, et d'Armande Grésinde Claire Élisabeth Béjart, est tenu sur les fonts baptismaux par le duc de Créquy, premier gentilhomme de la Chambre, qui représente Sa Majesté, et la duchesse de Choiseul, en lieu et place d'Henriette d'Angleterre, épouse de Monsieur, frère unique du roi. Cette faveur éclatante apaise mes craintes. Mais je sais maintenant ce dont les jaloux et les hypocrites sont capables.

Maître Pierre le sait aussi.

Dans l'ombre nous préparons des martinets à cordes mouillées de vinaigre pour châtier ce monde qui mérite qu'on le déculotte et le fouette jusqu'au sang.

Notre vengeur aura nom Tartuffe.

Celui-là est un renard qui sous l'habit de directeur de conscience s'introduit au logis d'un crédule et le circonvient avec ambition de s'approprier sa femme et ses biens. Il fait profession de dévotion pour cacher les instincts qui le taraudent. Il est avide et libidineux, il n'a ni honneur ni compassion, et il prêche une vertu intraitable à seule fin de servir ses desseins. La pièce en trois actes habilement agencés est de facture impeccable, mais quand je la leur lis, mes camarades froncent les sourcils. Ai-je conscience des risques qu'il y aurait à mettre sur le théâtre pareil brûlot ? L'Église en ce royaume est si puissante qu'elle peut excommunier ou envoyer au bûcher l'auteur d'une œuvre jugée blasphématoire. Je réponds que Tartuffe n'attaque pas la religion, mais les hypocrites de tout poil. Et je promets qu'en cachant l'époux sous la table pendant que le faux dévot essaie de trousser son épouse, nous gagnerons à coup sûr le public. La Grange et Hubert, qui sont plus jeunes mais moins aventureux que moi, insistent :

— Notre métier est de donner du plaisir. Pourquoi se mêler de combats qui ne nous regardent pas ?

Je réponds :

— Parce que la meilleure défense est l'attaque. Les dévots sont les premiers à vouloir nous réduire au silence. Du temps où il ne boudait ni les femmes ni le vin, le prince de Conti nous protégeait et nous menions folle vie ensemble. Depuis qu'il ne boit que de l'eau bénite, il rêve de nous expédier tous en enfer.

Madeleine n'est pas convaincue.

— Le parti dévot est puissant, la reine mère l'appuie, à quoi bon le provoquer ?

— Le roi est épris de Louise de La Vallière. Elle vient d'accoucher d'un bâtard et les culs bénis n'approuvent pas l'adultère. Notre beau sire ne serait pas fâché de leur taper sur les doigts. Et il ne lui déplairait pas que je m'en charge.

Comment discuter le désir du roi ? Cet argument emporte la balance et la troupe vote en faveur de *Tartuffe*, que nous appellerons *L'Hypocrite*. Madeleine au sortir de l'assemblée me demande :

— As-tu menti comme d'habitude ? Le roi t'a-t-il vraiment demandé de flageller les dévots ?

Je hausse les épaules.

— Qu'importe ? Ces gens-là contrarient ses amours, il sera ravi que l'on rie d'eux.

C'est alors que vient le coup de lance. Celui qui saigne le taureau dans l'arène. Celui qui prépare la mise à mort.

L'acteur Montfleury père, pilier de l'Hôtel de Bourgogne depuis vingt ans, un envieux qui déclame comme Jupiter dérangé dans sa sieste en crachant d'abondance sur ses partenaires, le gros, fat et suant Montfleury fait porter une lettre à Louis XIV, roi de France.

Cette lettre affirme que mon épouse n'est pas seulement la fille de mon ancienne maîtresse, mais la mienne. J'ai convolé en connaissance de cause avec ma progéniture, les enfants qui naîtront de cette union contraire aux lois divines et humaines seront les fruits de l'inceste.

À commencer par mon petit Louis dont le roi est parrain.

Je me rue chez Madeleine. Je n'ai jamais douté de sa parole, mais dans la confusion terrifiée où cette accusation me jette, je ne sais plus qui je suis. Elle me serre dans ses bras comme au temps où elle me berçait après une nuit de débauche. Elle dit :

— Je ne suis pas meilleure chrétienne que toi, mais je veux le bien d'Armande et le tien. Si cette monstruosité avait quelque fondement, t'aurais-je poussé à prendre cette femme-là ?

Plus que tout je désire la croire.

Donc je la crois.

Le roi ?

Il traite l'ignoble dénonciation par le mépris, et pour marquer son estime me commande les spectacles d'une féerie qui doit éclipser dans les mémoires celle du surintendant Fouquet à Vaux-le-Vicomte. Je travaillerai sous la direction du duc de Saint-Aignan, le sautillant Lully veillera à la musique, le magicien Vigarani aux machines, le peintre Le Brun aux décors. Ces *Plaisirs de l'Île enchantée* célébreront l'amour de Louis pour sa douce Louise, ils occuperont trois jours et trois nuits, jamais on n'aura rien vu de plus beau. Nous avons quarante jours pour préparer deux nouveautés en cinq actes avec intermèdes musicaux, un défilé en tête duquel Louis paradera, des ballets où il dansera, des joutes où il brillera, une course de têtes qu'il remportera, une loterie où les dames gagneront des pierreries, des festins servi par des faunes et des nymphes dans les bosquets illuminés, sans compter la construction d'un palais entier qui s'embrasera à la fin du feu d'artifice.

Le défi me donne des ailes.

Mes ennemis peuvent gronder et dénuder leurs crocs, ils peuvent chercher à me saigner tout vif.

Je suis intouchable.

Rien ne m'est impossible.

Pour vous je serai l'Accoucheuse

Je savais que ce Tartuffe nous causerait du souci. Baptiste s'emmitouflait dans la faveur royale, mais la puissance de Louis n'était pas si absolue qu'il pût encourager des frondes religieuses difficiles à mater. Le débat entre jésuites et jansénistes sur la question de la grâce enflammait le royaume au point d'inquiéter le pape. Il s'agissait de décider si par prédestination l'homme est damné dès sa naissance, ou si travailler à son salut sur cette terre peut lui gagner le Paradis. La cour comptait quantité d'intrigants qui sous le manteau du zèle le plus outré cherchaient à consolider les positions de l'un ou l'autre parti. Peu importait que Tartuffe stigmatisât la fausse religiosité et non l'honnête ferveur, les deux portent souvent même habit et le sourcilleux Hardouin de Péréfixe, archevêque de Paris et ancien précepteur de Sa Majesté, ne pouvait raisonnablement laisser attaquer sur une scène :

… Ces gens qui, par une âme à l'intérêt soumise,
Font de dévotion métier et marchandise,
Et veulent acheter crédits et dignités
À prix de faux clins d'yeux et d'élans affectés,
Qui savent ajuster leur zèle avec leurs vices,
Sont prompts, vindicatifs, sans foi, pleins d'artifices,
Et pour perdre quelqu'un, couvrent insolemment
De l'intérêt du ciel leur fier ressentiment ;
D'autant plus dangereux dans leur âpre colère,
Qu'ils prennent contre nous des armes qu'on révère,
Et que leurs passions, dont on leur sait bon gré,
Veulent nous assassiner avec un fer sacré.

Relisez cette tirade à voix haute, s'il vous plaît.

Depuis que nous causons, j'espère que vous avez eu la curiosité de feuilleter les œuvres du grand Corneille. Quand vous dites ces vers, ne vous semble-t-il pas que l'Illustre pourrait les avoir écrits ?

Lisez-les encore une fois.

Alors ?

Alors Maître Pierre nous avait concocté là une bombe de sa façon. Très ingénieuse et très pernicieuse.

Avant même que nous posions un pied sur la scène, le sieur Tartuffe était condamné par ceux qu'il dénonçait et sa décapitation chose entendue.

Les Plaisirs de l'Île enchantée s'engageaient pourtant avec grâce. Molière et Lully, que le roi appelait familièrement ses deux Baptiste, avaient joint leurs efforts pour chanter les jouissances adultères en sorte que la reine-mère et les six cents invités n'y vissent qu'hommage à la royale jeunesse.

Quelques beaux sentiments que la gloire nous donne
Quand on est amoureux au souverain degré,
Mourir entre les bras d'une belle personne
Est de toutes les morts la plus douce à mon gré.

La grassouillette épouse de Louis ne parlait pas assez le français pour comprendre de quelle sorte de mort il s'agissait, elle gigotait d'aise à la vue de son mari en cuirasse d'argent brodée d'or, entouré des plus beaux mâles de la cour costumés en chevaliers de L'Arioste. Sur leurs talons les trente-quatre violons de Lully annonçaient les Saisons. Mon frère sur un ours figurait l'Hiver ; Marquise à califourchon sur un genêt d'Espagne, le Printemps ; juché sur un éléphant le gros Du Parc faisait l'Été ; La Thorillière sur un chameau l'Automne ; et une montagne qui semblait se mouvoir dans l'air fermait la marche avec, à son sommet, Baptiste et Armande enturbannés. L'effet était si stupéfiant que lorsque le lendemain

Catherine De Brie et Armande sont apparues chevauchant des baleines, l'assistance a cru que ces poissons géants étaient aussi véritables que les animaux de la Ménagerie, et que le roi les avait arrachés à l'océan pour en réjouir les bassins de Versailles. En plus de danser, de chanter, de déclamer des chapelets de compliments, nous avons joué le samedi *La Princesse d'Élide* où Armande a fait des débuts remarqués, le dimanche *Les Fâcheux* où Baptiste a tenu seul cinq rôles, le lundi notre vénéneux *Hypocrite*, et le mardi, en clôture, la farce du *Mariage forcé*. Au milieu de cette frénésie, aucun d'entre nous n'avait pu dormir plus de trois heures d'affilée. Mais le roi, pensions-nous, était content de nos services.

Dès mercredi à l'aube on nous faisait défense de jouer publiquement *L'Hypocrite* au motif que l'extrême délicatesse de Sa Majesté sur les choses de la religion ne pouvait souffrir cette ressemblance du vice avec la vertu, ni permettre qu'on confondît l'une avec l'autre. Le châtiment n'était que de forme, il ne nous était pas défendu de donner notre comédie en visite privée. Mais de la porter sur la scène du Palais-Royal pour la partager avec le peuple de Paris, il n'était plus question.

Baptiste ne décolérait pas.

Tout écumant de rage il s'est enfermé avec Maître Pierre qui a pris soin d'attiser sa fureur avec un soufflet de forge. Il en est ressorti avec un *Dom Juan* qu'à tous il a assuré avoir écrit en quinze jours. J'ai manqué m'évanouir. La pièce était admirable, jamais les vices du siècle n'avaient été si crûment exposés, mais cette peinture-là était plus amorale encore que celle de *Tartuffe*, et je ne voyais pas quel bien nous pouvions en attendre.

— Une salle comble ! Le viol d'une pucelle, un fantôme qui demande justice, une statue qui parle et les flammes de l'Enfer, on ne fait pas meilleure soupe !

J'ai protesté :

— Méfie-toi, les grands seigneurs de la cour sont plus dangereux que ceux de province. Le marquis de Vardes place des pétards entre les cuisses des prostituées. Le duc de Guiche ouvre le ventre des garçonnets après avoir joui d'eux. Ces diables-là ont des amis, tu vas dresser la moitié de la cour contre toi.

— L'autre moitié me soutiendra.

— Le roi se lassera de tes provocations.

— Au contraire. Je dis tout haut ce qu'il pense en secret. Je ne me contente pas de l'amuser, je règle ses comptes.

— Toi ? Le Farceur ?

— Moi. Le Peintre de la nature humaine.

— Tu ne confondrais pas la cause de Louis XIV avec celle de Pierre Corneille ?

— Je sais ce que je dis et crois ce que je veux.

— Singe ses alexandrins, mais ne le laisse pas t'aveugler.

— Ce qui profite au Palais-Royal nous donne du pain à tous. La fin justifie les moyens, c'est toi qui me l'as enseigné.

Je prêchais en vain. Maître Pierre se croyait aigle planant au-dessus de l'humanité, et accroché à ses ailes Baptiste ne doutait plus de rien.

Nous avons commandé pour *Dom Juan* des décors pharamineux et engagé des moines capucins porteurs d'eau au cas où l'Enfer embraserait les toiles. Nous avons claironné que l'action dépayserait, puisqu'elle se situait en Sicile. La nouveauté en serait le valet glouton et couard qui entreprend de raisonner un maître sans foi ni loi. Avec ce mélange de burlesque et de peinture de mœurs qui était la marque de Molière, elle donnerait tout ensemble à penser et à rire. Baptiste a campé un Sganarelle qui à lui seul méritait qu'on courût au Palais-Royal. Il y a mis tout son talent et tout son cœur. Deux fois. Deux représentations ont suffi à lever des flots de haine et nous convaincre de retirer la pièce. Les énormes frais engagés nous poussaient vers l'abîme. Soucieux de ne pas perdre une source de divertissement dont il appréciait l'ingéniosité et la ponctualité, le roi nous a tendu la main en nous rachetant à son frère, et la troupe de Monsieur est devenue celle de Sa Majesté avec six mille livres de pension. La caresse a adouci la gifle, mais Tartuffe n'en restait pas moins interdit. Baptiste a plaidé sa cause par oral et par écrit. En vain. Les religieuses de Port-Royal-des-Champs avaient été expulsées pour avoir refusé de signer l'ordonnance qui condamnait les propositions jansénistes, il y avait peu de chance que notre *Hypocrite* revît le jour avant longtemps. J'ai persuadé Baptiste de remanier le personnage de Tartuffe en ménageant l'Église, et de ne plus risquer notre avenir sur des coups de dés pipés. Comme l'étalage du vice, la peur de la mort fait toujours recette, en attendant des jours plus calmes, nous n'avions qu'à nous engraisser sur le dos des médecins.

Et si le grand Corneille voulait en découdre avec notre siècle, qu'il entrât dans l'arène sous son propre nom.

Je suis l'épouse

Mettre des mots dans la bouche d'Armande était sa façon de l'embrasser. Les applaudissements qu'elle recevait étaient les caresses qu'il lui prodiguait.

Pierre prononçait rarement son nom, mais elle était là, autour de lui, comme un éther qui le grisait et l'empoisonnait.

Il m'était fidèle, mais seulement à demi. Une moitié de lui vivait avec moi, l'autre par le cœur et la pensée travaillait, mangeait, couchait place du Palais-Royal, ou dans la campagne d'Auteuil où Baptiste avait loué une maison.

Le comédien poète Molière grimpait sans reprendre souffle les marches de la faveur. La reine-mère était morte d'une tumeur au sein, le roi imposait pour les divertissements qu'il réclamait des délais de plus en plus courts. Trois semaines. Dix jours. Pierre venait à la rescousse. Il abattait l'ouvrage sans murmurer, mais il lui prenait des douleurs au ventre, à la nuque, aux jambes. Il toussait. Il passait nos nuits à se retourner dans le lit, ou assis à sa table, à noircir des pages qu'au matin il déchirait.

Il souffrait de sa passion secrète, mais aussi du médiocre accueil que recevaient ses tragédies. *Agésilas* avait été jugé ampoulé, *Attila* trop féroce, *Tite et Bérénice* inférieur à la *Bérénice* que Jean Racine avait le même hiver portée sur le théâtre. Pierre rejetait la faute sur les acteurs qui affaiblissaient ses vers, le public qui ne goûtait plus que des bagatelles, le chagrinant rival qui s'affairait à le détrôner, les envieux de tout poil, la sottise des critiques. Il se plaignait même du roi dont la jeunesse ne savait apprécier le génie véritable.

Sous le nom de Molière, ses vers et sa prose remportaient un succès après l'autre. Mais il devenait ombrageux au point que Thomas et moi ne savions si ces lauriers qu'il ne pouvait coiffer le flattaient ou le démangeaient. Nous allions au Palais-Royal en badauds pressés de découvrir les nouveautés dont tout le monde parlait. Malgré les coupes ou les ajouts de Baptiste, il nous était aisé de reconnaître celles auxquelles Pierre avait prêté la main.

Des comédies-ballets montées à la cour il n'y avait rien à redouter, mais les caractères des pièces plus personnelles brillaient d'un éclat si cornélien qu'il m'en venait des suées.

Tartuffe, le savant et sinueux dévot qui convoitait la femme d'autrui :

L'amour qui nous attache aux beautés éternelles
N'efface pas en nous l'amour des temporelles
Nos sens facilement peuvent être charmés
Des ouvrages parfaits que le Ciel a formés.

Dom Juan, pareillement hypocrite, dont les appétits et l'orgueil bravaient les lois divines et humaines :

Je ne quitterai point mes douces habitudes, mais j'aurai soin de me cacher, et je me divertirai à petit bruit. Je ferai le vengeur des intérêts du ciel ; et, sous ce prétexte commode, j'accuserai mes ennemis d'impiété, et saurai déchaîner contre eux de zélés indiscrets qui les accableront d'injures et les damneront hautement. C'est ainsi qu'il faut profiter des faiblesses des hommes et qu'un esprit sage s'accommode aux vices de son siècle.

L'Alceste du *Misanthrope*, partagé tout comme Pierre entre son amertume et sa passion :

Mon cœur de ce qu'il sent n'est pas bien sûr lui-même.

Et l'effarant Sosie d'*Amphytrion* qui mettait sous nos yeux, sous les yeux de tous, le prodigieux dédoublement qui cadençait notre vie :

Ce moi, qui m'a fait filer doux,
Ce moi, qui le seul moi veut être,
Ce moi, de moi-même jaloux,
Ce moi, vaillant dont le courroux,
Au moi poltron s'est fait connaître…

Si l'arrangement qui liait Pierre et Baptiste venait aux oreilles du roi, qu'adviendrait-il de nous ?

Je conjurais mon mari de cesser son trafic. De se concentrer sur l'œuvre qu'il signait. De ne songer qu'à la postérité.

Il répondait : « Je sais ce que je suis, et fais ce que je dois. »

Il craignait toujours que nos dépenses n'excédassent nos ressources. Si je n'y avais veillé il eût porté d'un an sur l'autre le même habit et attendu pour changer ses souliers qu'ils fussent troués. Il n'était pas plus généreux avec moi, il méprisait les frais de toilette et trouvait bon que je fusse vêtue dignement, mais sobrement. Me priver des châles, des dentelles, des bagues et des perles qui eussent convenu à l'épouse d'un membre de l'Académie me coûtait peu, mais je suis gourmande et je voulais que notre table fût bien garnie. Il me le reprochait doucement :

— Ma femme, il faut réduire notre train domestique.

Nous nous contentions d'une cuisinière et d'une servante.

— Nous n'avons pas besoin de manger gras trois fois la semaine.

Je répliquais :

— L'encre et le papier coûtent plus cher que la viande. Et nous gâchons une fortune en bougies.

— Je travaille la nuit pour le bien de nos enfants. Je veux les établir sur un pied tel qu'ils n'aient jamais à rougir de leur condition.

Je ne pouvais m'empêcher de demander :

— Est-ce la seule raison ?

— Quelle autre ?

— Armande.

— Quoi donc, Armande ?

— Vos deux moi veulent lui offrir des rôles. L'officiel. Et le secret.

Il piquait du nez dans son encrier.

— C'est qu'elle est devenue excellente actrice.

Je n'insistais pas. Sa « désirée » était assez présente entre nous sans qu'il fût nécessaire de souligner le sentiment qu'elle lui inspirait.

Elle seule semblait ne rien voir. En sa présence, elle était aimable, distante, lisse.

Lui n'y pouvait plus tenir.

Il fallait que d'une façon ou d'une autre elle entendît ce qu'il taisait.

Je suis la Désirée

Vendredi, le 24 de février, à ma toilette

Je ne suis douée que pour la musique. Alors qu'à ses débuts il suffisait à Madeleine d'ouvrir la bouche pour captiver son auditoire, j'ai dû travailler sans relâche mon phrasé, la façon de projeter mon souffle, de porter mon cou, de poser mon regard et mon pied.

Baptiste m'assurait que lui aussi avait souffert sur la scène, qu'il gémissait à son écritoire, que malgré ses succès il n'était jamais entièrement satisfait de lui-même.

Je me suis juré de ne me montrer que pour être applaudie.

Je l'ai été.

Après les fêtes de l'*Île enchantée* pendant lesquelles plusieurs seigneurs m'ont promis merveilles en échange d'un aparté que j'ai pris plaisir à leur refuser, j'ai joué presque toutes les pièces de

Molière. Plus celles des frères Corneille qui avaient la part belle dans notre répertoire. Je ne tenais pas toujours le meilleur rôle, mais petit à petit je me suis imposée jusqu'à devenir, comme Maître Pierre me l'avait annoncé, la première de la troupe.

À cinquante ans passés Madeleine perdait son éclat, si la tendresse ne l'avait poussée à me céder le pas, l'âge eût rempli même office. Baptiste ne lui distribuait plus que les duègnes ou les servantes, pour s'occuper elle surveillait un commerce de cuirs hollandais dans lequel elle avait placé de l'argent. Comme elle en son bel âge je me laissais volontiers courtiser, sans pourtant pousser l'aventure. Le feu brûle, pourquoi s'y jeter? Je donnais ma main à baiser, ma nuque parfois, puis sur une révérence je prenais congé.

Baptiste me croyait coquette. Se découvrir cocu alors qu'on joue les cornus lui semblait de mauvais goût, mais m'aimer ne l'empêchait pas de céder à toutes sortes de tentations et il n'osait me questionner. S'y fût-il risqué que je lui aurais retourné ses reproches. Et interdit ma couche.

Maître Pierre me savait sage. Il n'en haïssait pas moins mes soupirants. Je troublais ce père de sept enfants au point qu'il pâlissait quand un homme m'approchait, quand je riais avec trop de gaieté, quand je jouais à la souris qui aguiche le chat. À sa demande, Baptiste m'a offert le rôle principal dans une féerie en musique dont l'un et l'autre espéraient grand succès. Sacrifiée par son père, la nymphe Psyché attend sur un rocher qu'un monstre vienne la dévorer ; le dieu Amour la sauve, s'éprend d'elle, la perd, la retrouve expirante chez les Ombres, et Vénus la rend immortelle afin que dans l'Olympe ensemble ils vivent heureux.

J'étais Psyché, et je m'entendais dire :

Les rayons du soleil vous baisent trop souvent ;
Vos cheveux souffrent trop les caresses du vent,
Dès qu'il les flatte, j'en murmure ;
L'air même que vous respirez,
Avec trop de plaisir passe par votre bouche ;
Votre habit de trop près vous touche ;
Et, sitôt que vous soupirez,
Je ne sais quoi, qui m'effarouche,
Craint, parmi vos soupirs, des soupirs égarés.

Le Petit qui jouait l'Amour était véritablement fait comme lui, mais il n'avait pas écrit ces vers amoureux. Molière ne les avait pas même pensés. Et le nom de Corneille l'Aîné circulait.

Moi, je voulais être désirée.

Quand nous avons présenté la pièce au palais des Tuileries, dans la grande salle des machines, le Petit avait dix-sept ans. Baptiste l'admirait plus que moi, et s'il avait dû choisir entre nous, c'est vers lui que son cœur l'aurait porté. Sa beauté, sa douceur, cette façon qu'il avait de noyer son regard sous ses cils, le naturel avec lequel il se mettait nu, me rendaient maladroite, irritable, sotte comme une débutante. Je croyais le détester. Une fois, au bord des larmes, je l'ai giflé. Il en a ri, puis il m'a embrassée.

Je ne l'ai pas repoussé.

Mon nom est Pierre

Vendredi, vers midi

Les héros que je portais sur le théâtre suivaient le cours de mon siècle, et les combats que je menais à travers eux la pente de ma vie. Ceux que je mettais au jour sous mon nom exaltaient la grandeur et la folie humaines. Ceux dont Molière affichait la paternité soulignaient les défauts de nos contemporains. Les uns comme les autres étaient fruit de mon étude, de ma solitude, et je respirais en chacun d'eux. La noblesse du Cid, la cruauté de Cléopâtre, la lâcheté de Titus, la rigueur d'Alceste, l'hypocrisie de Tartuffe, les mesquineries d'Harpagon reflétaient les ciels changeants de ma nature. Et quand Jupiter se glissait sous la peau d'Amphytrion pour posséder son épouse, c'était moi qui étreignais ma Désirée dans le lit de Baptiste.

Je me regarde et me juge sans complaisance. Le génie ne va pas sans travers, ma vertu la plus sincère est ma fidélité à mon art. Je n'ai pas la manière de briller devant mes pareils. Ne pouvant parader sur les tréteaux ni captiver par ma conversation, je joue avec ma plume. Je pastiche mes vers, je les remploie. Je forge des verbes, je réforme notre orthographe. Je me fais des clins d'œil à moi-même en glissant ci et là des calembours, des allusions lestes, le mot « corneille », le titre d'une de mes pièces, des piques contre ma personne ou mon œuvre. Cette manière de me divertir et de me donner de la publicité m'amuse sans prêter à dispute. Elle nous a protégés, Baptiste et moi, pendant le temps que nous avons travaillé ensemble. À Marie qui s'inquiétait de voir notre commerce dénoncé, je répondais que, dans les comédies qu'il signait, Molière décochait assez de flèches empoisonnées au vieux Corneille pour que la critique pensât que lui et moi nous haïssions. Afin de brouiller tout à fait les esprits, je laissais dire que j'avais initié la cabale contre *L'École des femmes.* Dans ses *Observations sur une comédie intitulée Le Festin de Pierre*, un sieur de Rougemont écrivait : « Molière ne parle pas mal le français ; il traduit assez bien l'italien et ne copie pas mal les auteurs, car il ne se pique pas d'avoir le don d'invention ni le beau génie de la poésie, et ses amis avouent librement que ses pièces sont des jeux de théâtre où le comédien a plus de part que le poète, et dont la beauté consiste presque toute dans l'action », et il clouait le Farceur au pilori en le traitant de diable déguisé en homme. On chuchotait que derrière cette charge vigoureuse se cachait le grand Corneille. Je ne démentais pas, mais je taillais une plume neuve et avec autant de vigueur je défendais mon associé. Le public y trouvait son compte et les pédants en perdaient leur latin.

Rendez à mon amour, rendez à ma douleur, le charme de mes yeux et le choix de mon cœur. J'avais juré de ne jamais dévoiler le pacte qui me liait à Baptiste. Mais le serment consenti à regret ne pouvait empêcher mes vers d'avouer ce que mon âme criait.

Le roi avait accordé à Molière trois semaines pour monter à Versailles une comédie-ballet sur le thème des aventures du dieu Amour et de l'insensible Psyché. Comme de coutume le Farceur a préparé la trame, distribué les parties, et l'équipe qui avait conçu *Les Plaisirs de l'Île enchantée* a conjugué ses talents pour le plaisir de Louis.

En quinze jours j'ai rimé près de deux mille vers.

Le Petit n'a pas joué l'Amour, il l'a incarné. Baptiste qui le guettait derrière le décor l'a vu. Tapi dans une loge je l'ai vu aussi.

Comment Armande, exquise Psyché, aurait-elle pu n'en être pas touchée ?

Ils se sont aimés ardemment. Et brièvement.

Comme toutes les comédies auxquelles j'avais prêté ma plume, *Psyché* a été présentée au roi puis au public parisien sous le nom de Molière. Cette bagatelle délicate ne pouvait ternir mon lustre de tragédien, quand est venu le temps de la publier j'ai fait front commun avec Quinault pour que la part de chacun lui revînt. L'édition datée du 6 octobre 1671 attribuait l'œuvre au seul Molière, mais la préface précisait :

> Cet ouvrage n'est pas fait d'une seule main. Monsieur Quinault a fait les paroles qui s'y chantent en musique, à la réserve de la plainte italienne. Monsieur de Molière a dressé le plan de la pièce et réglé la disposition, où il s'est plus attaché aux beautés et à la pompe du spectacle qu'à l'exacte régularité. Quant à la versification, il n'a pas eu le

loisir de la faire entière. Le Carnaval approchait et les ordres pressants du roi qui se voulait donner ce magnifique divertissement plusieurs fois avant le Carême, l'ont mis dans la nécessité de souffrir un peu de secours ; ainsi il n'y a que le prologue, le premier acte, la première scène du deuxième acte et la première scène du troisième dont les vers soient de lui. Monsieur Corneille a employé une quinzaine au reste, et par ce moyen Sa Majesté s'est trouvée servie dans le temps qu'elle avait ordonné.

Il se pouvait qu'un lecteur attentif s'étonnât que les scènes revendiquées par Baptiste et celles qui me revenaient eussent même texture, même couleur, mêmes rimes et même rythme.

M'importait seulement que Psyché, par le truchement de l'Amour, découvrît quel feu me consumait.

La cour et la ville ont colporté qu'à l'ombre d'autrui je m'étais abandonné à un excès de tendresse dont je n'aurais pas voulu déshonorer mon nom.

Baptiste s'est accommodé de l'hommage brûlant rendu à son épouse.

Ma Désirée ne m'en a pas regardé différemment.

Vraiment grand est celui qui dans soi se ravale, qui rentre en son néant pour s'y connaître bien, et sait qu'il faut renoncer tout à fait à soi-même pour obtenir entière liberté. J'avais passé soixante-six ans sur cette terre dans l'effort plus que dans le plaisir, je portais le deuil de deux de mes fils, ma femme pleurait dans son sommeil, Molière, Racine et Lully se disputaient les faveurs du roi, Armande n'avait d'yeux que pour elle-même.

À quoi bon continuer d'exister ?

J'ai commencé d'écrire *Suréna* comme on marche au supplice.

Mais la mort est venue chercher Baptiste et m'a laissé en vie.

Seul dans l'arène pour une dernière joute.

Ils m'appelaient le Petit

Je dois maintenant vous parler de moi. De lui et moi.

Mes parents étaient des acteurs renommés, je ne savais pas encore lire que je cabriolais déjà sur les tréteaux.

Cabrioler est un mot de Baptiste. Il trouvait que je ressemblais à un faon.

Les fièvres m'ont rendu doublement orphelin à neuf ans, la tendresse d'une mère m'a manqué, les leçons et la main ferme d'un père aussi.

Baptiste m'a voulu donner cela et plus encore. C'est pourquoi je me suis attaché à lui.

Le plus fameux comédien-poète de notre siècle désirait les femmes et ne détestait pas les garçons. Parmi ses amis ou protecteurs, beaucoup chassaient à poil autant qu'à plume. Le musicien D'Assoucy traînait à ses basques un page rompu aux servilités les plus intimes. Le crasseux et talentueux Chapelle ne jurait que par les mariniers. Lully se débauchait dans les pires bouges de la capitale. Monsieur, frère du roi, recevait habillé en dame de qualité, le corset serré sur ses pectoraux pour se donner de la gorge. On disait « bougre », et pour les apôtres dévoués à Sodome, « bougre bougrissime ». Baptiste ne préférait pas un sexe à l'autre, dans chaque étreinte il aimait un individu. Le mariage l'a rendu moins volage, ou peut-être moins vaillant. À l'époque où nous nous sommes connus ses assiduités ne fatiguaient plus guère, une courte promenade deux fois la semaine lui suffisait.

On peut aussi jouir du désir non assouvi.

Il l'a appris avec moi.

Comme Maître Pierre avec Armande.

Après la mort de mes parents je me suis enrôlé dans une troupe d'enfants que la femme Raisin menait sous sa houlette. J'avais douze ans quand Baptiste m'a approché. J'étais joli. Blond, blanc, long et fin, les dents parfaites, les yeux grands, des cils de fille. J'avais le tempérament gai, ouvert, confiant. Et un don rare pour le théâtre.

Je ne sais ce qu'il a préféré en moi, mais dès l'abord je l'ai touché au cœur. Il m'a emmené dans sa campagne, à Auteuil. Armande était rarement présente. Il la disait d'un tempérament trop différent du sien pour qu'ils vécussent en harmonie sous un seul toit. Ses amis la trouvaient capricieuse, boudeuse, jalouse de son autorité. Quand ils étaient avinés, ils chuchotaient à mon oreille qu'elle avait épousé le grand Molière par intrigue, et que cette union rongerait Baptiste jusqu'à l'os.

On s'enivrait beaucoup dans la maison d'Auteuil. On me pressait, on me chatouillait dans les coins. Je voulais paraître mûr et fort, je riais et ne me dérobais que lorsque les gestes devenaient impérieux.

Baptiste grondait ses compagnons, il venait me border dans mon lit. Il avait perdu un fils en bas âge, il jouait au père et moi je redevenais enfant.

Une nuit, tous ont bu plus que de raison. Baptiste m'a enlacé, il voulait danser. Juste danser, mais j'ai pris peur. Je me suis sauvé sans manteau, tête nue. J'ai attendu l'aube pour réveiller le passeur et monter dans le bac.

J'ai rejoint ma compagnie. Le plus jeune d'entre nous avait six ans, le plus vieux quinze. Pendant quatre années nous avons joué partout où l'on nous appelait.

Baptiste ne m'a pas oublié.

L'année de mes seize ans il a obtenu du roi une lettre de cachet pour m'arracher à la Raisin et me rallier au Palais-Royal. Il a promis de faire de moi le meilleur acteur de sa troupe. De veiller à mon entretien et à mon bien-être. De parfaire mon éducation. Il m'a demandé pardon pour m'avoir effrayé, pour m'avoir déçu.

Nous ne nous sommes plus quittés.

Sans partager avec lui ce que d'autres lui offraient, je crois l'avoir comblé.

Il répétait : « Armande est ma femme et mon souci ; Maître Pierre est mon complice et mon bourreau ; tu es ma joie. »

Voilà, vous savez l'essentiel.

Le reste nous regarde lui et moi.

Même Armande dans mes bras, sous mes lèvres, pendant que nous répétions *Psyché*. Sa découverte de ce que deux corps peuvent se donner, notre fièvre comme une flambée funeste, mes remords, ses reproches.

Quand je lui ai avoué ma trahison, Baptiste a séché mes larmes par des caresses. Il ne s'est pas fâché. Il ne m'a pas demandé qui de nous deux avait séduit l'autre et l'avait pris.

Aussi ne vous en parlerai-je pas.

Il y a entre certains êtres ce je-ne-sais-quoi cher à Maître Pierre qui échappe à l'entendement.

Un autre de vos poètes, un Allemand du nom de Goethe, parle des « affinités électives ».

Ce mot-là nous ressemble.

« Affinités électives », le son comme le souvenir en est doux.

Le grand Corneille n'aurait su mieux dire.

Pour vous je serai l'Accoucheuse

Mourir désarçonne mais ne prend qu'un moment. Le plus étrange vient après. D'abord il faut accepter. Puis se contenter de regarder autour de soi sans pouvoir, fût-ce d'un ongle, influer sur le cours des choses.

J'ai quitté le monde et sa ronde a continué sans moi. *Tartuffe* remanié en cinq actes dont le dernier ne devait rien au grand Corneille avait rempli les caisses du Palais-Royal, Louis XIV parce qu'il n'y excellait plus avait renoncé à danser les ballets de cour, Lully et Racine s'affairaient à supplanter Molière, et Maître Pierre s'échinait à convaincre Baptiste que sa mission n'était pas de satisfaire le roi mais d'user de son talent pour corriger les travers humains. Baptiste souriait des nobles ambitions de son complice. Il avait accepté d'épingler l'avarice, mais demandé en échange un bourgeois aux prétentions de gentilhomme dont les ridicules permissent d'égayer la galerie. Le Vieux renâclait.

Il souffrait que sa créature volât de ses propres ailes, et que dans le ciel de Versailles l'étoile de Molière éclipsât celle de Corneille. Il cherchait comment se défaire de Baptiste tout en ne se résolvant pas à rompre leur accord. Il finissait toujours par s'exécuter.

Vivre est un chemin de crête. L'abîme guette, chaque pas est un défi, un compromis, un renoncement.

La mort n'est pas très différente.

Je voudrais rester pour vous l'Accoucheuse. Maître Pierre m'appelait ainsi. De Baptiste, lui et moi, il disait : « Vous l'avez accouché de son talent et vous nous avez appariés. Nous vous devons le génie bicéphale qui a pour nom Molière. »

Quand nos comédies moissonnaient les écus, il me remerciait. Je devinais que son appétit d'argent cachait d'autres faims. Le besoin de se survivre en se renouvelant. Celui d'être aimé quand on ne peut être choisi.

Je vous remercie de m'avoir écoutée.

J'espère que vous n'êtes pas en colère, et que vous retournerez à la Comédie-Française.

Quand le rideau se lèvera, pensez à moi.

Une pensée me suffira.
Pour supporter de n'être plus parmi vous.
Et pour y revenir.
Hic et nunc.

Mon nom est Pierre

VENDREDI, À LA TOMBÉE DU JOUR

Je suis prêt. J'ai jeté au feu les notes que j'avais couchées sur le papier pour préparer notre entretien. Je prie qu'elle m'écoute sans soupirer ni m'interrompre. Si l'émotion coupait le fil de mon discours, j'aurais grand mal à ne pas perdre pied.

Quand il se dévoile, l'amour est aussi nu qu'un nouveau-né.

J'ai demandé à Marie de faire monter dans mon cabinet le baquet qui sert aux grandes lessives. Je ne me baigne que quand j'ai la fièvre, mais aujourd'hui je veux être aussi neuf, aussi pur qu'il se peut.

Fabuler est mon métier.

Je suis le plus grand poète, le plus ingénieux menteur, le plus habile hypocrite, le plus formidable imposteur de ce siècle.

Je suis le plus amoureux.

Ma Désirée m'attend.

Je suis l'Intouchable

Il va lui parler ce soir. Il ira chez nous après le spectacle. La Forêt lui ouvrira, il montera à l'étage sans appui pour se donner l'air vigoureux. Elle l'attendra assise à son clavecin, c'est ce qu'elle fait pour enjôler les visiteurs. Elle aura passé sa robe de chambre en velours outremer, celle qu'elle portait la nuit où je suis mort. Le bleu n'est pas couleur de deuil, mais celui-là est assez sombre pour ne pas me tirer la langue et il flatte son teint. Ils prendront place dans les fauteuils dorés. La chambre d'Armande est belle, j'y ai mis le prix. Cette femme m'a coûté cher. Madeleine m'avait assuré qu'elle ne changerait rien à mes habitudes. Je ne me doutais pas qu'elle transformerait un baladin butineur en bourgeois cossu. En vérité je ne m'attendais à rien de ce qui a suivi. Qu'elle coucherait dans mon lit sans désir ni plaisir. Que nos enfants mourraient. Qu'elle prendrait l'ascendant sur moi. Que par quantité de moyens avoués et secrets je tâcherais à me faire aimer d'elle.

Sans y parvenir.

Ou si mal qu'il me faudrait chercher dans la tendresse du Petit ce qu'elle refusait de me donner.

Elle avait peu de goût pour ma personne. Mais elle m'admirait, c'est pourquoi elle m'a épousé.

Le Vieux va détruire ce qui nous liait. Il va souiller ensemble ma mémoire et nos souvenirs.

Les dévots disent qu'il est de pieux mensonges. Les miens ne visaient qu'à nous rendre heureux, elle et moi. Je ne m'en repens pas.

Si notre histoire se pouvait écrire à neuf, je n'y changerais rien.

Je suis la Désirée

Vendredi, le 24 de février, au sortir du théâtre

C'est un succès. Dans mon cœur pourtant il pèse comme une menace.

Pour la réouverture du Palais-Royal, notre salle était pleine. La Grange avait persuadé le Petit de jouer et nous avions retaillé à ses mesures le costume d'Argan qu'avait porté Baptiste. Au milieu du troisième acte, au moment où le malade imaginaire devait dire : *Pourquoi ne voulez-vous pas, mon frère, qu'un homme en puisse guérir un autre ?*, il s'est mis à pleurer. Ses larmes mêlées au fard blanc lui dessinaient un masque de blaireau, mais dans la salle personne n'a ri. Moi-même, en lui donnant la réplique, j'avais la gorge serrée.

Les spectateurs ont applaudi si longtemps que nous avions le dos rompu à force de saluer. Ceux que nous avions assis sur les côtés du décor parlaient entre eux :

— Vraiment, Molière est mort en scène ?

— Comme pour boucler sa comédie, oui. Il a toussé, il a hoqueté, il a convulsé, et voilà.

— Sur le théâtre ?

— Dans ce fauteuil que vous voyez.

— Vous en êtes sûr ?

— C'est ce qui se dit.

Émoustillés à l'idée qu'on puisse trépasser en moquant la médecine, ils se sont promis de revenir demain. Pour revoir le fauteuil. Pour imaginer le Farceur crachant du sang véritable dans sa dernière tirade.

Serons-nous en état de jouer demain ?

Les chandelles des lustres soufflées, nous avons partagé la recette. J'ai réclamé la part de Baptiste, je suis sa veuve, elle me revient. J'ai ensuite annoncé que j'entendais reprendre la direction du Palais-Royal. La Grange resterait notre orateur, et s'il fallait avancer de quoi nous maintenir à flot sans les créations de Molière, j'y pourvoirais. Le Petit s'est levé. Il s'était démaquillé, j'ai pensé au regard que Baptiste posait sur ses cils et le renflé de sa bouche. Il a déclaré qu'il quittait la troupe, il allait s'embaucher au Marais ou à l'Hôtel de

Bourgogne, il irait où on voudrait de lui. Je n'ai pu m'empêcher de lui reprocher cette défection alors que plus que jamais nous avions besoin de lui.

Il a répondu :

— Tu connais mes raisons.

Nos camarades regardaient leurs genoux ou un pli du rideau.

Je l'ai rejoint pendant qu'il se changeait. J'ai pris son bras.

— Moi aussi j'ai besoin de toi.

Il s'est dégagé.

— Trouve une autre dupe.

— Baptiste voudrait que nous vivions en paix. Soupons ensemble chez moi. Nous ne pouvons pas nous quitter fâchés.

— Tu l'as désespéré. Tu les as désespérés tous les deux.

— Qui donc ?

— Baptiste et Maître Pierre.

— J'ai donné à chacun ce qu'il m'a demandé, ni plus ni moins.

— C'est toi que tu servais. Tu n'auras jamais dans la tête et le corps que ton seul intérêt.

Il a peut-être raison. Mais pourquoi me le reprocher ?

Les Évangiles commandent : « Aime ton prochain comme toi-même. »

Ils ne disent pas : « Aime-le plus que toi-même. »

Ils m'appelaient le Petit

J'ai accepté de passer la soirée rue de Richelieu dans l'espoir qu'Armande m'ouvrirait le cabinet de Baptiste. Nous en étions à rompre la glace quand La Forêt a surgi en barrissant que le vieux Corneille malgré sa défense grimpait l'escalier. Armande m'a poussé derrière un paravent percé de trous dissimulés dans les broderies de la tapisserie :

— Je t'en supplie, ne te montre pas. Ne sors que si je feins de m'évanouir. Pendant qu'on s'affairera à me ranimer, pousse-le dehors et veille à ce qu'il ne revienne pas.

À l'instant où Maître Pierre est entré, j'ai su pourquoi il était là. Au lieu d'être vêtu de noir comme à son habitude, il portait du chapeau aux souliers le costume d'Alceste dans *Le Misanthrope*. Veste à petit collet et chausses serrées au genou couleur de feuille morte, bas et cape assortis, perruque courte à l'ancienne mode. Sans qu'il eût besoin d'ouvrir la bouche, sa mise criait : C'est moi sous l'habit d'un autre qui est aussi moi, moi le déçu du monde, le génie incompris, le ridicule parce qu'incurable amoureux qui vient jeter les débris de sa vie à tes pieds…

Si Armande a entendu ce langage muet, elle n'en a rien laissé paraître. Elle s'est approchée avec l'air pâle que la situation commandait. Un naïf s'y serait laissé prendre, mais pas Maître Pierre. Une seconde lui a suffi pour lire sur son visage que le deuil l'avait affûtée en lame implacable, et que s'il n'y prenait garde c'est lui qui serait pourfendu. Il a serré les mains qu'elle lui tendait, et bien qu'il s'appliquât à composer ses traits, j'ai vu au pli de sa bouche combien il regrettait qu'elle eût gardé ses gants.

Mon vieux parrain, mon cher mentor, comme vous brûliez encore…

Armande évitait de le regarder en face. Je l'entendais penser qu'elle devait tenir ce fâcheux sur bride courte et ne pas lui laisser l'avantage. Maître Pierre la dévisageait avec une expression qui mêlait ensemble l'impatience fébrile du voyageur touchant au port et l'adieu de qui s'arrache à sa terre pour un voyage sans retour. Il attendait qu'elle le priât de s'asseoir. Tisonnant avec une grâce travaillée les braises qui n'en avaient aucun besoin, elle le faisait patienter. La tournure de sa robe accentuait le modelé de sa taille. Elle se cambrait à dessein, et bien que j'eusse depuis longtemps épuisé les charmes de son corps j'en ressentais une chaleur qui n'était pas celle des braises. Maître Pierre s'efforçait de redresser son dos qu'une vie penchée sur l'écritoire avait arrondi, son bras appuyé sur sa canne tremblait, pour la première fois il me paraissait fragile et piètrement humain. Armande a pris place en vis-à-vis de lui. Le feu chuintait dans l'âtre, pendant un moment ils ont contemplé les flammes sans rien dire. Et puis il s'est mis à parler. Sans presque bredouiller, ce qui en soi était extraordinaire. Je retenais mon souffle, j'attendais ce qui ne pouvait qu'advenir, ce qui changerait la face de notre monde. Il ne se pressait pas. Il lui servait à petites bouchées des tranches de temps jadis, celui de ses débuts, celui de sa gloire. Il y mettait des détours, des détails, des raccourcis inattendus. Elle l'écoutait. Par moment elle souriait. Du geste elle lui disait de continuer. Il la croyait ensorcelée, sans doute songeait-il déjà à la cueillir. Moi, je voyais qu'elle cherchait seulement à le fatiguer.

Après avoir égrené soixante ans d'histoire de France et rhabillé à sa mode rois, ministres et gens de plume, après avoir tourné autour du pot et coulé ici et là quantité de vers sans préciser s'ils étaient de Baptiste ou de lui, il a écarté les mains, qu'il avait très belles, dans un geste qui pouvait dire : Voilà, vous savez tout de moi, ou : Ceci n'est que l'entrée en matière, ou encore : Avez-vous deviné où je veux vous conduire ? Comme Armande ne réagissait pas, il a conclu par ce trait de *Psyché* dont personne ne doutait qu'il eût pensé à elle en l'écrivant :

— *Et je dirais que je vous aime, si je savais ce que c'est que d'aimer…*

En retour de volée elle a répondu :

— Vous n'aimez pas, maître Pierre, vous désirez.

Il a haussé les sourcils, étonné qu'elle osât le reprendre. Elle l'a regardé bien droit.

— Et désirer vous suffit. C'est pourquoi Baptiste savait que vous ne le trahiriez jamais.

Il lui a jeté ce coup d'œil dont il avait le secret, ce regard en forme de harpon qui vous donnait l'impression d'être retourné comme une peau de lapin. Elle l'a soutenu sans broncher. Il a alors baissé les yeux sur une verrue qu'il avait au pouce et s'est mis à la gratter doucement. Plusieurs minutes sont passées sans que j'entende rien d'autre que le ronron du feu. Et puis d'une voix que je ne lui connaissais pas, une voix sans intonation, comme désincarnée, il a dit :

— Quand il sera séant de te remarier, prends Guérin d'Estriché. Il t'aime et tu as du goût pour lui. Baptiste ne l'avait pas remarqué, mais moi, je vois tout. Je lui parlerai. Je veux que ce grand choix soit mon dernier ouvrage. Il est honnête homme et bon comédien, il a peu d'orgueil et beaucoup de santé, il aura soin du théâtre et de toi.

Il a corrigé :

— De vous.

Ému aux larmes derrière mon paravent, j'ai mesuré à quel point je m'étais trompé. Mon vieux parrain n'était pas venu prouver à Armande l'étendue de son génie dans l'espoir de se voir offrir récompense. Il n'allait pas la dessiller. Sa vérité, notre vérité resterait cachée entre les lignes des comédies que les âges à venir continueraient d'encenser. Armande avait raison. Le désir suffisait.

À irriguer les veines de Maître Pierre, son quotidien de labeur et de tracasseries, son œuvre tentaculaire. Un désir qui s'ennoblissait de ses empêchements. Il s'agissait de se hausser au-dessus de cette humanité qu'il détestait en lui, boursouflée d'instincts et hérissée de contradictions. Tout s'emboîtait, tout s'éclairait. Sa vie et son œuvre s'étaient construites sur le dépassement de soi et la jouissance au travers d'autrui, *Je vais faire un ami possesseur de mon bien : aussi dans son bonheur, je rencontre le mien ; j'aurai eu l'honneur de te l'avoir offerte, de te l'avoir cédée, et réduit mes désirs au glorieux dessein d'avancer tes plaisirs.* Il avait marié Armande à Baptiste comme la princesse avait marié Chimène à Rodrigue. De la fille de Madeleine Béjart il avait fait Mademoiselle Molière, et il s'était ingénié à rendre ce nom aussi célèbre que le sien. Il n'en retrancherait rien, il n'y porterait aucune ombre. Alors qu'il était en droit de forcer Armande à le reconnaître pour ce qu'il était et de lui réclamer le prix de ce qu'elle lui devait, il cherchait dans le sacrifice une satisfaction plus haute que celle que la satiété eût pu lui procurer. En lui laissant le passé et l'avenir qu'il pouvait lui ravir, il l'engendrait à nouveau. En la donnant à Guérin qui allait la rendre heureuse, il renonçait à elle.

Comme il l'aimait.

Ils se sont levés ensemble. Les mots qui auraient pu détruire Baptiste n'avaient pas été prononcés, mais sous le voile de tant d'autres mots tout avait été dit : Je suis à la fois Horace et Arnolphe, Cinna et Alceste, Polyeucte et Sosie, Médée et Tartuffe, Rodogune et Dom Juan, Œdipe et Amphytrion ; je suis le verbe, le Farceur n'était que ma voix ; je suis la tête, il n'était que mon corps ; je suis l'amour, il n'était que ton mari.

Au moment de prendre congé, au lieu de baiser la main d'Armande, le grand Corneille s'est penché et il a embrassé son front. Elle gardait les yeux fermés, à sa gorge je voyais qu'elle respirait à peine. Quand il s'est reculé, elle a tendu le cou et lui a rendu son baiser. Sur les lèvres. Une caresse de papillon à une fleur, d'amante au bien-aimé. Cette douceur a ébranlé mon parrain de haut en bas, il a vacillé, j'ai cru qu'il allait se trouver mal. Puis comme la vague revient sur la grève, le sang est remonté à ses joues. Alceste a salué d'un hochement de tête Célimène, et sans cacher son clopinement il a quitté la chambre.

Armande s'est appuyée au manteau de la cheminée. Elle me tournait le dos, il m'a semblé qu'elle pleurait. Je me suis demandé si c'était de soulagement. Sans bruit je me suis glissé dehors.

Devant le porche j'ai hélé Maître Pierre qui ne savait plus du tout où il se trouvait. Il grelottait. J'ai arrêté une chaise à porteurs et je l'ai raccompagné chez lui. Il grattait sa verrue à l'arracher. J'ai pris ses mains glacées, je les ai réchauffées dans les miennes comme j'avais fait à Baptiste le soir de sa mort. Il a marmonné :

— Je vais tuer mon héros. Suréna. Il n'y a pas d'autre issue.

Il s'est tourné vers moi.

— Molière s'en est allé et moi aussi, je m'en vais. Tu veilleras sur elle, n'est-ce pas ?

J'ai promis.

Je suis l'amant, le disciple, le passeur de flambeau.

Ils m'ont tout appris. Sauf à mentir.

Je vous dis et vous dirai toujours la vérité.

Ne m'en veuillez pas, s'il vous plaît.

Je suis la Désirée

Vendredi, le 24 de février, le soir

Je tremble si fort que mes dents claquent. Je vois la nymphe Psyché, seule sur son rocher face au monstre auquel le destin l'a offerte.

J'ignorais ce que c'est que la peur.

La peur de tout perdre. D'être dévorée.

Maintenant, je sais.

En embrassant le Vieux, j'ai joué mon va-tout. Il est parti sans se retourner.

Mais il peut revenir.

Je pense au silence du couvent, au chat jeté dans le puits, aux ongles de Maître Pierre grattant sa manche, au poids de mon mari sur mon corps, à ma mère défigurée par la maladie, aux caresses du Petit, aux applaudissements du public. Je rassemble les instants qui m'ont faite ce que je suis et je monte l'escalier qui mène à l'appartement de Baptiste.

Mes jambes se dérobent sous moi, je dois m'asseoir sur la dernière marche. Je déverrouille la porte.

Nous l'avons lavé, habillé, exposé et veillé en bas, dans la chambre où je reçois. Ici tout est resté comme la nuit de son agonie. Personne n'a aéré, le désordre de cuvettes et de linges ensanglantés soulève le cœur. Mais je ne vois pas de rat. J'ouvre grand la fenêtre.

Je regarde cette pièce où le Petit lui tenait compagnie plus souvent que moi. Une armoire en bois d'Allemagne garnie de fils de cuivre, un coffre en chêne tapissé de fer fermé par trois serrures et deux cadenas, deux fauteuils en noyer, une grande chaise à crémaillère, une couche basse encadrée de serge verte, sommier de crin, matelas de futaine, une pendule, un thermomètre, un tableau de la Sainte Famille, un autre qui illustrait *L'École des maris*, ce mobilier-là ne vaut pas grand-chose, l'inventaire prendra peu de temps.

La couverture de laine blanche du lit est affreusement souillée, il faudra la jeter.

Les manuscrits sont dans l'armoire allemande.

Bien sûr, j'avais deviné.

Ce que Maître Pierre pensait m'apprendre, je le savais depuis longtemps. Il vient de le comprendre, il a manqué son coup et perdu la partie. De cette défaite je crois qu'il ne se remettra pas.

L'édition neuve des *Œuvres* de M. de Molière est empilée sur le coffre. Je prends l'avant-dernier volume, celui d'*Amphytrion*.

Le livre a été évidé pour ménager au cœur des pages une cache de la taille d'une clef.

Mon mari entreposait ses costumes de scène dans des mannes d'osier garnies de sachets de senteurs et de billes de cèdre. Il exigeait qu'ils fussent dépliés et repliés chaque semaine. Ses habits de ville, chemises, hauts-de-chausses, pourpoints, manchettes, souliers, chapeaux, perruques, capes courtes et longues étaient rangés dans sa garde-robe et veillés avec le même soin.

Sur les tablettes de l'armoire allemande, tout est en fouillis.

Je sors les portefeuilles de cuir où Baptiste serrait ses comédies et celles des auteurs qui nous approvisionnaient en nouveautés, les carnets petits et grands, les mémoires noués par des lacets, les feuillets épars.

Je délace mon corset pour me donner de l'aise, je m'assieds sur le plancher et je m'attelle au tri.

Je garde dans mon chevet quantité de billets de Maître Pierre, courts poèmes, pensées au vol, conseils domestiques, encouragements. Certains sont vieux de treize ans, les derniers ont treize jours. Le prince des poètes a une façon d'allonger ses jambages et d'appuyer les virgules qui n'appartient qu'à lui.

Je mets de côté les textes où je reconnais sa plume.

Les recopier va me prendre plus longtemps que je ne m'y attendais.

Je referme la fenêtre. Je vais chercher du bois dans le grenier qui jouxte le cabinet, et j'allume un grand feu.

Sur la table de Baptiste je trouve de l'encre fraîche et du bon papier.

Je me mets au travail.

Ma main ne tremble pas.

À voix basse je dis les vers que j'aime à mesure que je les écris.

La soirée passe, puis la nuit, la journée du lendemain, et encore une nuit.

Mâtines sonnent au loin. Je pense aux prêtres qui ont refusé de se déplacer pour donner les derniers sacrements à Baptiste. Au roi qui semble l'avoir déjà oublié. À la foule rassemblée sous nos fenêtres. Aux fossoyeurs du cimetière Saint-Joseph.

Aux larmes du Petit.

À notre troupe débandée.

Aux lèvres du Vieux sur mon front.

Je remue les braises. Il reste assez de bois pour ce que j'ai en tête.

Avec des rondins, des branchettes, des copeaux, je monte une pyramide.

Un bûcher.

Dessus, je place d'abord les pages du grand Corneille. Ensuite les gants que le Petit a oubliés sur la cheminée.

Je prends le soufflet.

L'imposteur Tartuffe s'embrase le premier. *Dom Juan* lance des étincelles haut dans la cheminée. *Amphytrion* brûle clair. *Le Misanthrope* termine la fête.

Je garde seulement *Psyché*. Où il n'y a rien à cacher, puisque dans la préface l'essentiel est avoué.

Je remets les papiers dans l'armoire. En vrac, comme je les ai trouvés. Si le Petit revient ici, je lui dirai de les emporter et d'en faire ce que bon lui semblera.

Toutes les comédies qui attestaient la collaboration de Baptiste et de Maître Pierre sont maintenant de la même écriture. La mienne.

Personne ne saura rien, jamais.

Molière est sauf.

Moi aussi.

Je suis l'Intouchable

Le Vieux s'est enfermé dans son cabinet. Son épouse l'appelle. Son frère glisse un mot sous sa porte. Il n'ouvre pas, il ne répond pas. De sa visite rue de Richelieu il ne veut rien confier à personne. Tassé dans son fauteuil il cherche comment faire mourir le héros de cette tragédie dont je lui ai prédit qu'elle serait la dernière. C'est bien sûr lui-même qu'à travers son général des Parthes il veut immoler.

Et moi, jusqu'au bout, j'ai cru qu'il allait m'anéantir pour s'emparer de ma femme et de l'œuvre qui porte mon nom.

Vous attendiez-vous à ce retournement?

Il est fou d'Armande, je l'ai vu, je l'ai entendu comme vous. Mais il l'est de cette folie où l'on pense plus au bonheur de l'autre qu'au sien propre. Cela, je ne l'avais pas compris. C'est pourtant ainsi que j'ai chéri le Petit.

Je voudrais lui demander pardon. Pour avoir douté de lui. Et aussi pour mes mauvaises pensées.

Vers la fin, au lieu de me prosterner devant son génie je ne songeais qu'à le précipiter dans un escalier assez raide pour qu'il s'y brisât le cou. Quand nous travaillions au *Malade imaginaire,* et même avant, à *Mélicerte*, aux *Femmes savantes*, je l'imaginais aussi mort que je le suis maintenant, yeux éteints, bouche scellée. Je ne supportais plus le ton qu'il prenait pour m'expliquer ce qu'est la comédie. Sa façon de me toiser comme si j'étais une fourmi et lui un rapace. Qu'il continuât de clamer : *Je ne dois qu'à moi seul toute ma renommée*, alors que depuis une décade ses succès étaient si étroitement nattés aux miens qu'une fée n'aurait pu les démêler. Il avait besoin d'être encensé comme vous de respirer, mais après sa tragédie d'*Attila* que le Palais-Royal avait achetée deux mille livres comptant, le lustre de son nom avait commencé de pâlir. Il s'échinait à le raviver, mais le culte que la France lui avait voué touchait à sa fin, il était homme du règne précédent, le public goûtait de moins en moins ses leçons d'honneur forcené et ses intrigues tortueuses. Sans gagner en force ses vers avaient perdu en splendeur, on leur préférait ceux de Racine qui baignaient le cœur comme une eau fraîche. Il se voulait pourtant irremplaçable. Indispensable. Aux yeux du roi, du monde, et surtout aux miens. Il m'avait vu grimper à force d'audace et d'industrie plus haut qu'aucun comédien-poète avant moi, et encore il prétendait m'apprendre mon métier. Il dénigrait mes choix. Il crachait sur ce que j'écrivais. Il osait critiquer mon jeu, qui selon lui dénaturait les caractères que j'incarnais.

« Ses » caractères.

Madeleine me poussait à clouer son bec de corbeau en lui signifiant que les personnages en question étaient miens autant que siens. Pas seulement parce que j'avais payé certains d'entre eux au prix fort, mais parce que je leur avais insufflé ce qui les avait rendus chers au public.

Moi, bonne pâte, pour ne pas le crucifier sur la porte du Palais-Royal, je me taisais.

Je me trouvais lâche, je me reprochais ma complaisance.

Maintenant je ne regrette pas de l'avoir épargné.

Je ne regrette plus rien.

Sur la foi de mon droit mon âme se repose, dit fièrement l'Alceste du *Misanthrope* qui lui ressemble comme un jumeau.

Son orgueil d'un autre âge.

Son droit. Sa vérité.

Cette vérité-là qu'il va garder enfouie au plus secret de lui.

Quel beau monstre à deux têtes nous avons fait ensemble.

Le Vieux et le Farceur.

Mon prodigieux complice si peu doué pour le bonheur et moi le risque-tout qui aimait si fort la vie.

Même les matins où les contraintes m'épuisaient, même les soirs où la mélancolie m'endeuillait, même quand le Petit s'offrait à d'autres désirs, même les nuits où ma femme boudait mes étreintes, même celles où la toux me déchirait la poitrine, je l'aimais.

L'avoir perdue me la rend plus chère encore.

Dans une quarantaine d'années, précisément en l'an 1716, un musicien allemand du nom de Jean-Sébastien Bach va écrire une cantate qui vous enchantera. J'aimerais pouvoir vous la faire entendre là, maintenant. Elle résume ce qu'au bout de notre chemin je voudrais vous léguer de moi. Ce n'est bien sûr pas au baladin Molière que ce chant s'adresse, mais il me semble que c'est de moi qu'il parle.

Il dit : « *Que ma joie demeure.* »

Oui.

Le reste est accessoire.

Que ma joie demeure.

Mon nom est Pierre

Tard, par grand froid

L'ombre gagne. Elle descend sur moi, j'ouvre les mains, je l'accueille.

Baptiste me visite dès qu'elle est là, l'ombre est son royaume, désormais en moi il est chez lui.

Aujourd'hui il m'a dit :

— Savez-vous quel jour nous sommes ?

Je l'ignorais et me suis étonné qu'il s'en préoccupât.

— Le 21 de février 1683. Il y aura cette nuit dix ans que ma dépouille repose sous la terre. Vous ne remarquez rien ?

J'ai haussé la bougie pour le mieux voir. Il ne portait pas les nippes ensanglantées auxquelles je me suis apprivoisé au point de ne le pouvoir imaginer autrement vêtu, mais des dentelles fraîches et un pourpoint vert brodé d'or. Comme je restais interdit, il a écarté les bras et pivoté sur ses talons rouges.

— Je vous plais ? J'ai mis mon habit de noces. Pour notre anniversaire.

— Votre femme s'appelle maintenant la Guérin et je doute que le souvenir de vos épousailles lui soit précieux.

— Je parle de nos noces, mon vieil ami ! Vous et moi sommes plus mariés que vous ne l'êtes à Marie, plus que je ne l'ai été à Armande. Nous sommes joints pour l'éternité, n'est-ce pas là merveille ?

J'ai bougonné que mon goût ne me portait pas vers les hommes et que je ne voyais rien d'enviable à partager mon quotidien avec un trépassé. Il a ri.

— Plus personne ne frappe à la porte d'un poète de soixante-dix-sept ans, vous êtes bien heureux que je vous tienne compagnie. Mais c'est toujours moi qui viens chez vous. Cette nuit, viendrez-vous chez moi ?

Comme le Commandeur à Dom Juan, il m'a tendu la main. *Toujours aimer, toujours souffrir, toujours mourir*, je ne suis ni grand seigneur ni méchant homme, mais j'ai pris cette main et mon vieux sang s'est glacé.

J'ai attendu que le clocher sonnât neuf heures. Après m'être assuré que Marie dormait, je suis sorti.

Le froid était plus vif encore que la nuit de son enterrement. En serrant les dents sur la douleur qui vrillait mes hanches et mes genoux, je me suis traîné jusqu'au cimetière Saint-Joseph. Les rues étaient aussi sombres que le fond de mon cœur, les fers de mes souliers crevaient la boue gelée, je n'ai croisé personne.

Sur sa tombe brûlait un feu de joie.

Il y avait là des gens qui dansaient, qui chantaient. J'ai craint d'être reconnu, j'allais pour quitter la place quand un bruit de tonnerre m'a figé. Je suis revenu sur mes pas. La dalle sous l'effet de la chaleur s'était fendue et la frayeur avait chassé ceux qui festoyaient. Je me suis penché. Sous les flammèches qui la léchaient, une brèche large d'un doigt serpentait dans le marbre. La tête me tournait, je me suis assis sur le bord du caveau. La pierre était chaude comme le flanc d'une femme. Hors le craquement des brindilles qui achevaient de se consumer, on n'entendait que mon souffle. J'ai fermé les yeux.

Il a raison. Sa mort a scellé la mienne.

J'ai tué mon Suréna d'une volée de flèches. La pièce a déplu. Après cet échec et comme Baptiste l'avait prévu, j'ai cessé d'écrire. Les ambitieux qui sollicitaient mon appui et les poètes avides de mes conseils se sont tournés vers Racine, puis lorsque mon rival a lui aussi renoncé au théâtre, vers des gloires nouvelles. Je trouve encore dans mon esprit confus et tout ce que je suis, et tout ce que je fus, mais seul le Petit goûte maintenant ma compagnie. Il s'est étoffé, c'est un père de famille respecté, un acteur remarquable, un auteur prometteur, le digne successeur du grand Molière. Je prête parfois la main à Thomas qui lui rend les services que je monnayais à Baptiste, mais personne n'en sait rien.

Peu de semaines après l'inventaire de la rue de Richelieu, Armande a tâché de renouer le lien que notre entretien avait tranché en m'offrant mille livres pour versifier *Le Festin de Pierre*. Posséder la rassure, elle espérait regagner d'un coup ma plume et mon affection. J'ai décliné et mon frère s'est chargé de l'ouvrage. Il m'a montré le manuscrit de Molière qu'elle lui avait remis pour qu'il s'en inspirât. En reconnaissant son écriture féminine, j'ai compris qu'elle s'était jouée de moi autant que de Baptiste, et j'ai éteint dans mon cœur jusqu'à son souvenir.

Je ne l'ai pas revue.

Je crois que son second mariage la satisfait.

Il a de cela deux ans, le roi a jugé à propos de réunir l'ancienne troupe de Molière, celle du Marais et celle de l'Hôtel de Bourgogne, afin d'en former une nouvelle comprenant quinze acteurs et douze actrices. Sa Majesté a appelé cette compagnie d'excellence la Comédie-Française. Le nom est bien trouvé.

Une cloche sonne, je ne compte pas ses coups.

Le froid engourdit mes jambes. Je ne souffre plus, je suis tranquille. Je pourrais m'endormir. La nuit achèverait de se couler dans mon corps par les chemins que l'étude et les chagrins y ont creusé, j'espère que Baptiste sortirait de l'ombre pour reprendre ma main, je me penche vers la lézarde qui entaille la pierre, je m'y abouche, et parce que je sens que bientôt je ne serai plus d'ici ni de maintenant, je murmure : *Seigneur, pourvu que du Livre de vie, jamais tu n'effaces mon nom.*

Baptiste respire contre mon oreille, j'entends son sourire, je corrige ma prière :

notre nom.

Un merci ému…

à Hippolyte Wouters et Jean-Jacques Lefrère,
mes grands initiateurs au mystère
Corneille-Molière

à Alix de La Chapelle, Natalie Carter
et Marie-Laure de Cazotte, pour leur ligne
ouverte SOS auteure en détresse

à Sylvie Gracia et Isabelle Paccalet,
pour leurs précieux conseils

à Sophie de Sivry, pour sa confiance

*

evedecastro@hotmail.fr

De la même auteure

Les Bâtards du soleil, Olivier Orban, 1987
La Galigaï, Olivier Orban, 1990
Ayez pitié du cœur des hommes (prix des Libraires), JC Lattès, 1992
Soleils amers, JC Lattès, 1994
Nous serons comme des dieux (prix des Deux-Magots, prix Maurice-Genevoix), Albin Michel, 1996
Le Soir et le matin suivant, Albin Michel, 1998
Le Peseur d'âmes, Albin Michel, 2001
La Trahison de l'ange, Robert Laffont, 2006
Cet homme-là, Robert Laffont, 2010
Le Roi des ombres, Robert Laffont, 2012
Enfant roi, Plon, 2013
Joujou (prix Bouquin, prix Montesquieu), Robert Laffont, 2014
Nous, Louis, roi, L'Iconoclaste, 2015
La femme qui tuait les hommes, Robert Laffont, 2018

L'EXEMPLAIRE QUE VOUS TENEZ ENTRE LES MAINS
A ÉTÉ RENDU POSSIBLE GRÂCE AU TRAVAIL DE TOUTE UNE ÉQUIPE.

COUVERTURE ET CONCEPTION GRAPHIQUE : Quintin Leeds
ÉDITION : Sylvie Gracia
RÉVISION : Emmanuel Dazin et Isabelle Paccalet
MISE EN PAGE : Soft Office
PHOTOGRAVURE : Point 11
FABRICATION : Marie Baird-Smith
RECHERCHE ICONOGRAPHIQUE : Bertille Comar
COMMERCIAL ET RELATIONS LIBRAIRES : Adèle Leproux
PRESSE ET COMMUNICATION : Valérie Guiter

COMMUNICATION DIGITALE : Alice Huguet

RUE JACOB DIFFUSION : Élise Lacaze (direction), Katia Berry (grand Sud-Est), François-Marie Bironneau (Nord et Est), Charlotte Jeunesse (Paris et région parisienne), Christelle Guilleminot (grand Sud-Ouest), Laure Sagot (grand Ouest), Diane Maretheu (coordination), Charlotte Knibiehly (ventes directes) et Camille Saunier (librairies spécialisées)

DISTRIBUTION : Interforum

DROITS FRANCE ET JURIDIQUE : Geoffroy Fauchier-Magnan
DROITS ÉTRANGERS : Sophie Langlais
ACCUEIL ET LIBRAIRIE : Laurence Zarra avec Lucie Martino
ANIMATION : Sophie Quetteville
ENVOIS AUX JOURNALISTES ET LIBRAIRES : Vidal Ruiz Martinez
COMPTABILITÉ ET DROITS D'AUTEUR : Christelle Lemonnier, Camille Breynaert et Christine Blaise
SERVICES GÉNÉRAUX : Isadora Monteiro Dos Reis

L'ensemble de cet ouvrage a été réalisé dans le respect
des règles environnementales en vigueur.
Il a été imprimé par un imprimeur certifié Imprim'vert.

Achevé d'imprimer sur Roto-Page par l'Imprimerie Floch
à Mayenne (région des Pays de la Loire) en novembre 2021.

ISBN : 978-2-37880-277-6
Numéro d'impression : [illegible]05
Achevé d'imprimer sur Roto-Page par l'Imprimerie Floch
à Mayenne (France) en novembre 2021.

ISBN : 978-2-37880-277-6
Numéro d'impression : 99509
Dépôt légal : janvier 2022
Imprimé en France

En France, un livre a le même prix partout.
C'est le « prix unique du livre » instauré par la loi de 1981
pour protéger le livre et la lecture.
L'éditeur fixe librement ce prix et l'imprime sur le livre.
Tous les commerçants sont obligés de le respecter.
Que vous achetiez votre livre en librairie,
dans une grande surface ou en ligne,
vous le payez donc au même prix.
Avec une carte de fidélité, vous pouvez bénéficier
d'une réduction allant jusqu'à 5 %
applicable uniquement en magasin
(les commandes en ligne expédiées à domicile en sont exclues).
Si vous payez moins cher, c'est que le livre est d'occasion.

